02
본격 한중일 세계사

본격 한중일 세계사

02 태평천국 라이징

초판 1쇄 발행 2018년 6월 22일 **초판 9쇄 발행** 2023년 11월 22일

지은이 굽시니스트
펴낸이 이승현

편집2 본부장 박태근
지적인 독자 팀장 송두나

펴낸곳 ㈜위즈덤하우스 **출판등록** 2000년 5월 23일 제13-1071호
주소 서울특별시 마포구 양화로 19 합정오피스빌딩 17층
전화 02) 2179-5600 **홈페이지** www.wisdomhouse.co.kr

ISBN 979-11-6220-494-8 04900
979-11-6220-324-8 (세트)

본격 한중일 세계사

02
태평천국 라이징

굽시니스트 글·그림

위즈덤하우스

머리말

성원해주신 덕분에 졸저의 2권이 이리 나오게 되었습니다.

1권이 나왔을 때 겉으로야 이 만화의 권수를 계속 더해가겠노라고 호언장담했습니다만, 솔직히 계속 권수를 이어갈 수 있을지 100퍼센트 확신하지는 못했습니다. 출판 시장의 전반적인 하강국면 속에서, 그림이나 글이 빼어난 작품도 아니고, 다루는 분야가 그리 필수 교양적인 분야도 아니고, 솔직히 아주 재미있다고 자부하기도 힘든 물건이니 말입니다. 또한 여러모로 부족한 부분들도 적지 않았습니다(작중 역사 교양 만화에 어울리지 않는 천박한 드립들에 대한 지적 사항들도 있어서, 증쇄 때 이를 수정한 판본이 나오게 되었습니다). 작가 역량의 한계와 이야기의 한계를 절감하지 않을 수 없었던 것입니다.

그럼에도 여러 독자님께서 이 나라 역사 교양 분야의 취향 확대에 마음을 두어주신 덕분에 이리 2권이 빛을 볼 수 있게 되었으니 참으로 감사한 마음, 이 만화의 권수를 늘려감으로 메꿔갈 수 있도록 노력하겠습니다.

이 2권이 만들어지던 시점은 한반도를 둘러싼 국제 정세가 긴박하게 돌아가고 있던 2018년 6월입니다. 남북정상회담이 두 차례 열리고, 북미정상회담도 우여곡절 끝에 싱가포르에서 열렸습니다. 참으로 평화와 번영, 혹은 갈등과 폭망의 분기점이었다고 할 수 있겠습니다. 오늘날 이러한 정세를 마주함에 있어 160년 전 동북아시아의 역사를 반추해보는 것은 나름 의미 있는 일이…라면 좋겠지만, 사실 딱히 별 의미는 없을 것 같습니다.

태평천국 운동으로 내전의 불길에 휩싸인 중국, 쇄국의 빗장에 금이 가기 시작하는 일본, 세도정치 아래에서 길고 깊은 잠에 빠져 있는 조선, 이들의 형세가 오늘날 동북아시아와 무슨 접점이 있겠습니까.

바깥 세상에 대한 관찰, 사회 위기관리 등을 두고 오늘날의 세상과 연결지을 만한 고리를 억지로 뽑아낼 수도 있겠습니다만, 사실 그건 딱히 19세기 중엽 극동이 아니더라도 세상 어느 때 어느 장소에서든 비슷하게 뽑아낼 수 있는 고리겠죠(오늘날의 세상에 대한 '인과'의 측면에서 논하기에도 160년은 너무나 긴 세월이고 중간에 곁들여야 할 이야기가 너무 많아지겠죠).

다만 이 책을 통해 독자 여러분께서 '실제로 있었던 이야기'를 접할 때 느끼는 즐거움을 조금이나마 안겨드릴 수 있다면, 그것이 이 책의 집필 목적에 가장 부합한 기쁨이 될 것입니다(주변인들 비하인드 스토리도 그것이 소설 속 이야기라면 시시 껄렁 노잼 스토리겠지만, 그것이 '실제로 있었던 이야기'이기 때문에 그리 재미있는 것 아니겠습니까).

사실 역사를 대하는 작가의 엄밀성 부족과 만화의 과장된 표현-스토리텔링 때문에, 아주 정확하게 '실제로 있었던 이야기'라고 자신 있게 말씀드리기는 주저됩니다. 하지만 역사라는 재료를 가지고 요리사 개개인이 저마다의 레시피와 양념으로 다양한 풍미의 결과물을 만들어내는 것이 역사 '이야기'라 할 수 있다면, 이 이야기도 재료 본연의 맛을 크게 해치지 않는 범위 내에서 괜찮은 풍미로 즐기실 수 있지 않을까 하는 소망을 가져봅니다(사실 주변인들 비하인드 스토리도 엄밀한 사실만 이야기되는 것이 아니고, 화자의 양념이 꽤나 가미되어 있지 않습니까(물론 뒷담화는 좋지 않은 것이니 하지 맙시다)).

부디 관대함과 끈기, 그리고 모험심을 가지고 19세기 동양의 난세 대소동에 함께해주시기 바랍니다.

2018년 6월

굽시니스트

차례

제 1 장

난다 고래?!

1848년
태평양

太平洋
거대한 평온이라
이름 붙은 대양.

1억 65,250,000㎢

고래들이 싸돌아다니려면
이 정도 스케일의 바다는 필요한 것.

억 년이 가도록
고래들은 이 바다 이름의 평平 자를 누려 나가리니.

꼬뤠에애애에~

—가 아닌가 보네?

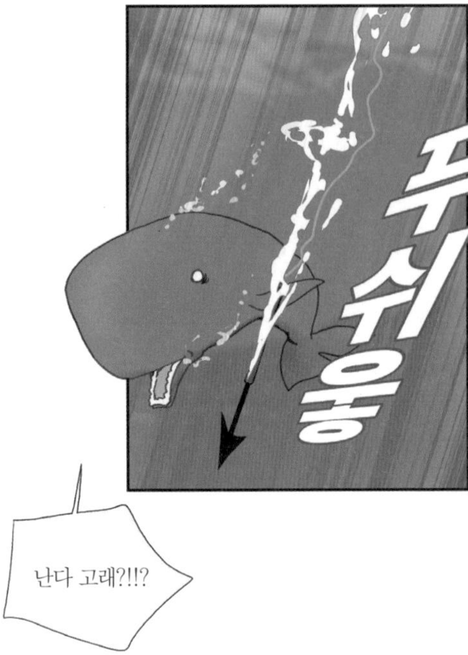
푸쉬웅
난다 고래?!!?

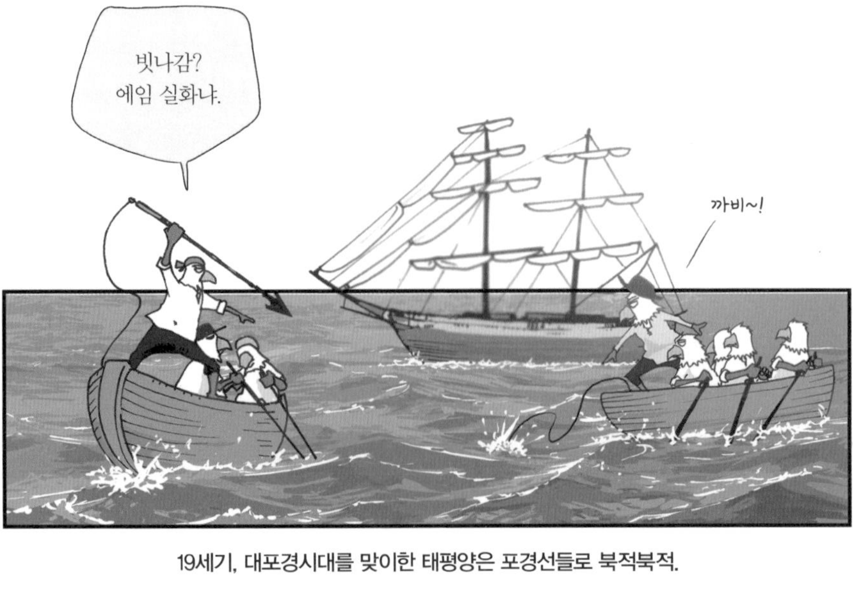
빗나감?
에임 실화냐.
까비~!

19세기, 대포경시대를 맞이한 태평양은 포경선들로 북적북적.

大捕鯨時代

오늘 저녁은
고래밥이밥!
양놈들이 언제부터
고래고기를 그리
좋아했대냐?!
19세기 포경 붐은
고래고기 때문이 아니라
고래기름 때문이었습니다.

석유산업 오픈 이전,
서양에서는 조명용 램프 연료로
고래기름을 널리 사용했죠.
Industrial Revolution
양초도
고래 왁스로
만들었음.

산업혁명을 맞이한 서양에서–

고래기름은
기계·화공산업 등에도
널리 쓰이고,

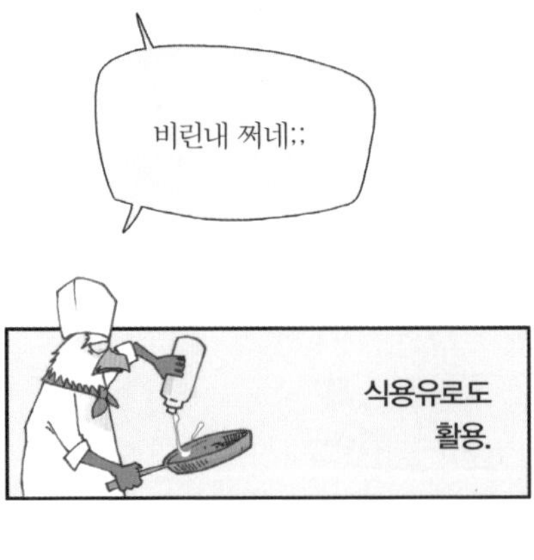
비린내 쩌네;;
식용유로도
활용.

인간 남캐들에게
포경의 저주를
내리겠다아아.

고래 수염은
우산살과
드레스 뼈대로
활용되었습니다.

실로 19세기 포경산업은
20세기 석유산업의
프리퀄이었죠!
움직이는
유전이여!
OIL

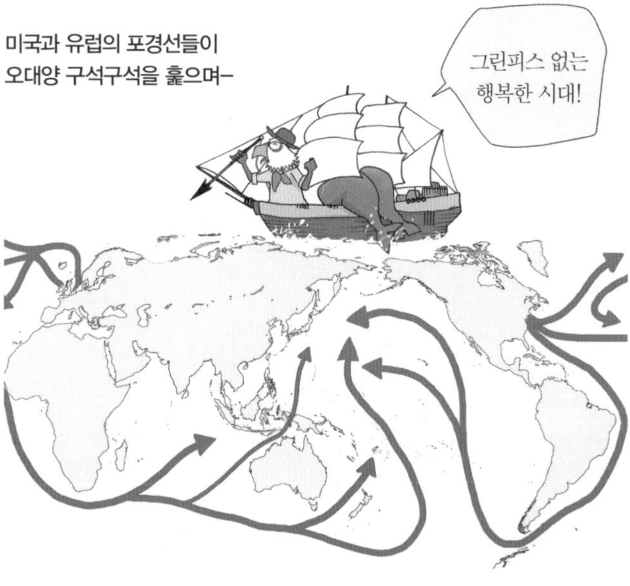
미국과 유럽의 포경선들이
오대양 구석구석을 훑으며–
그린피스 없는
행복한 시대!

그 뱃머리는 태평양 변방 극동 세상 끝까지 이르렀습니다.

저런 남획으로
고래 멸종위기 불러온 책임은
서양 놈들이 져야지!
어째서 욕은 일본이
다 먹는 거냐!
씨를 말릴
막타 치는 놈이 당연히
킬 먹고 욕 먹지….
※실제로 멸종 위기를 불러온 건 범선시대 포경이 아니라
산업화시대 포경으로, 여기에는 일본의 딜량 지분이 크죠.

아무튼 그런 포경선 가운데 한 척.

1848. 06. 07.
미국 포경선 라고다 호.

고래를 단지 기름 때문에
이렇게 잡아대는 게
과연 옳은 일일까?
기름뿐 아니라
고래고기 육회도
존맛이구먼!!

이리 호불호 갈리는
고래사냥 이야기의
결말을 어떻게
써야 할 것인가….
크억!!
고래 회충 크리!!
푸왁
운명과 광기 /5
고래에 미친 인간 /7
신성 모독자. /5
음?
으아앍!!
배 돌려라!!
퓨우우우우웅

그래!
고래한테 포경선이
침몰당하는 결말로 가자!
뿌좡
…
결말이
조금 클리셰인가?
첨벙

쏴아아아
으어 으엃ㄹㅎ엉렳헝
!
헉?;

혹시….
여기, 일본인가요?
ㅇㅇ.
웰컴 투 재팬.
Japan! 하이쿠! /5
시의 향취 가득한 /7
센류의 나라! /5
俳句·川柳
1630년대 말
하이쿠·센류: /5
5·7·5 글자 수의 /7
전통 단문 시. /5
하이쿠라면 /5
계절 관련 단어가 /7
들어가야 함. /5
ex) 벚꽃이 지네 /5
벚꽃 벚꽃 벚꽃 짱 /7
벚꽃 오지네. /5
아니면 그냥 /5
드립 터는 풍속시 /7
'센류'라 한다. /5
태평양 전쟁
언제 시작하는 거
만화 홍해라

So, 일본 입국을 기념해 센류 한 수 적어봅니다.
….
일본 사람들 /5
손을 꼭 씻으세요 /7
일 본 후에 꼭. /5
중의적 표현 /5
지리지 싶습니다 /7
나님의 재능. /5
빡

쇄국령으로
나라의 문을 걸어 잠근 일본.

조용히 좀
살자.
Closed
출입금지

하지만 난폭한 불청객의 난동을
피할 수 없었습니다.

벨튀! 너무나
즐거운 것!

For example

나폴레옹 전쟁의 불길에 휩싸인 유럽!
네덜란드가 프랑스에 점령당하자 영국은,

자유! 평등!
박아!!
푹
아이고, 세상에
불쌍해서 어쩌나;
하지만 님 식민지들은
우리가 잘 관리해줄 테니
걱정 마세요~!

영국 해군은
세계 각지의
네덜란드 자산을
접수하러
돌아다닙니다.

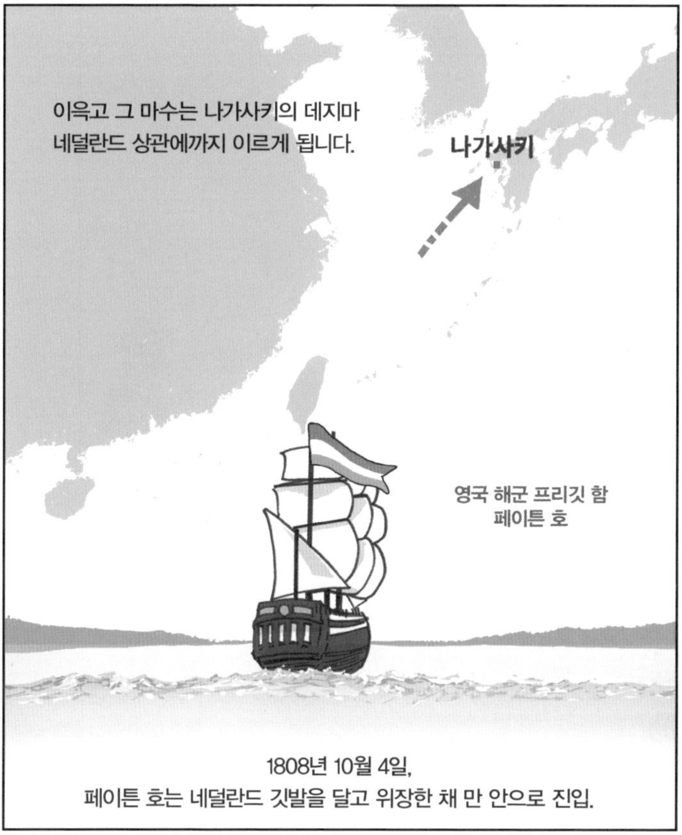
이윽고 그 마수는 나가사키의 데지마
네덜란드 상관에까지 이르게 됩니다.
나가사키
영국 해군 프리깃 함
페이튼 호
1808년 10월 4일,
페이튼 호는 네덜란드 깃발을 달고 위장한 채 만 안으로 진입.

반갑게 맞으러 나온 네덜란드 상관 직원들을 인질로 잡습니다.
서프라~이즈!
끼야아앍!!

네덜란드 상관의 배와 화물,
현금 다 넘겨라!!
※ 인질범의 요구조건.
다스케테!!!!
헉;;

나가사키 봉행(지방장관)

나가사키 봉행 측은 페이튼 호와 협상을 벌여,
남의 나라에! 무단 침입해서! 인질 잡고! 재물 강탈하려 들고!
영국은 대체 뭔 무법천지 수라의 나라냐?!
어, 그럼 물이랑 돼지나 좀 주셈.

10월 17일,
페이튼 호는
물과 돼지를 받아
떠났습니다.

'양아치'의 어원은 분명 서'양'과 관련 있겠지;
중국에서였다면 아주 버르장머리를 고쳐놨을 텐데요.

※ 나가사키에 돼지를 안 키워서 중국 상인에게서 사다가 줌.

그리고 16년 후, 1824년.
남쪽 섬 다카라지마를 영국인들이 습격,
소 세 마리 등을 약탈.
宝島
영구다!! 영구!

※ 영구英寇: 영국 해적.

1825년, 빡친 막부는 이국선 타격령을 선포합니다.
이양선은 발견 즉시 포격!!
서양인은 표류건 뭐건
입국 즉시 체포(& 참수)!!
異國船打払令
이국선
타격령

※ 보다 직접적인 계기는 관동 지역 해안에 벌어진
어민들과 영국 포경선 간 밀거래 적발 때문임.

1824 오오츠하마 사건

그리하여
이양선들을
대포 쏴서
쫓아내다가….

꺼져라!!
이제 좀 조용해지겠지….
퐁

그런데 1842년,
아편전쟁 소식이
일본에 전해지고.

중국이 영국한테
개쳐발렸어요!!!
清
후홝

이에 막부는 바로
이국선 타격령을
폐지합니다.

어으; 괜히 시비 텄다가
트집 잡혀서 큰일 날라;;

그리하여
서양인 표류 선원을 죽이지 않고
송환하는 정책으로 바뀐 거죠.
그런 것치고는
학대와 병으로
많이들 죽었는데….
목 붙어 있는 걸 감사히
생각하세요.

So, 네덜란드 배에 맡기기 위해
표착 서양인들을 모두
이곳 나가사키로 보내는 것.
Oh~!

나가사키에 왔으니!
나가사키 짬뽕!!
…50년 후에
개발됩니다.

그럼
나가사키 카스텔라!!
흉년에나 분위기 안 좋을 때는
카스텔라 안 만든답니다.
사치품이니까.
크흙 ;ㅁ;
이 슬픔을
센류로….
나가사키에 /5
카스텔라가 없어 /7
슬픈 미국인. /5

슬픈 미국인을 위해
나가사키에는….

小浜温泉

오바마 온천이 있습니다!
Go together!

※ 위치: 나가사키현 운잔시 오바마초.
長崎県雲仙市小浜町北本町14-39

굽씨의 오만잡상

포경산업은 19세기 미국 경제의 가장 중요한 기둥 가운데 하나였습니다. 산업혁명을 맞아 각종 기계와 조명에 필요한 기름 수요는 폭발적으로 늘어났고, 석유산업은 아직 그 포텐이 터지기 전이었습니다. 가축과 작물을 삶아 짜서 만드는 기름으로는 수요를 충당하기 어려웠죠. 그 상황에서 거대한 몸뚱이를 지방으로 풍만하게 채운 고래는 그야말로 바다에 둥둥 떠다니는 노다지였습니다. 19세기 전반, 미국 경제는 그 기름을 윤활유 삼아 매끄럽게 성장해온 것입니다. 기름 그 자체가 가져다주는 부와 더불어, 포경선 건조를 위한 조선산업이 크게 흥했습니다. 예나 지금이나 만드는 데 온갖 자재와 부품, 인력이 동원되는 거대한 배는 관련 제조업 전반에 즐거운 파급력을 끼치게 마련입니다. 이는 미국 동북부의 공업 성장에도 큰 역할을 하죠.

북부 주들이 이처럼 고래기름으로 기름진 배를 두드릴 때, 남부 주들은 흑인 노예들의 노동력과 함께 기름을 쥐어짜고 있었습니다. 흑인 노예들이 열심히 수확한 면화의 씨앗에서 짜낸 면실유가 식용유 시장을 석권해나간 것입니다. 흑인들의 고단한 삶에 작은 낙이 되어준 프라이드치킨은 고래기름이 아닌 면실유로 튀겨낸 치킨이죠. 영국의 피시&칩스 같은 튀김 요리도 이 시기에 널리 퍼졌다고 합니다. 이처럼 인류 역사상 일찍이 없던 기름 대량생산은 고칼로리를 저렴하게 제공함으로써 산업혁명시대에 양질의 노동력을 확보하는 데 큰 공헌을 했습니다.

19세기의 산업혁명 포텐 폭발은 석탄과 철의 대량생산뿐 아니라, 이와 같은 기름의 대량생산도 그 기둥의 하나로 삼았던 것입니다.

즉 고래는 지구상의 모든 동물들 중에 산업혁명에 가장 크게 기여한 동물이라 할 수 있겠습니다.

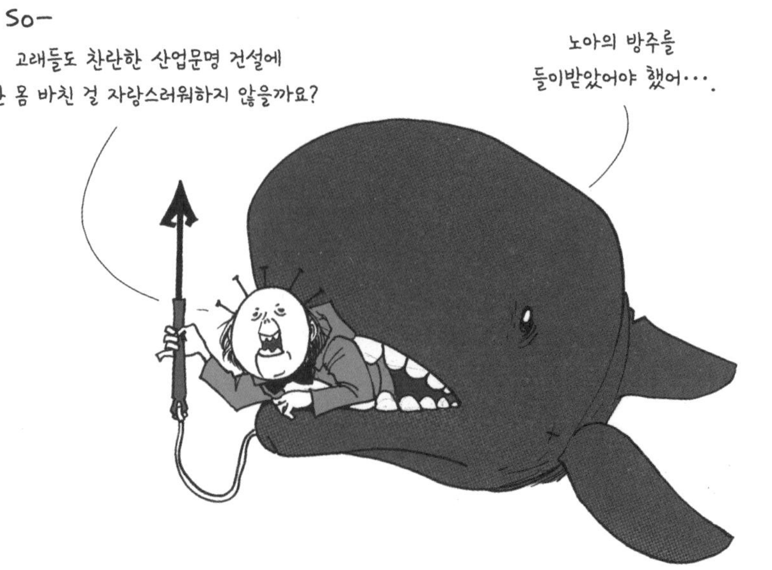
So-
고래들도 찬란한 산업문명 건설에
한 몸 바친 걸 자랑스러워하지 않을까요?
노아의 방주를
들이받았어야 했어…

제 2 장

난덕질하기 좋은 세상

중간에 이런 이야기가 있었다면 어땠을까—싶은 상관없는 이야기

나가사키로 향하던 미국 선원들은
요마 수괴의 음모에 휘말린다.

일본 열도 전체 해안선을 요괴의 바닷가로 둘러쳐 누구도 범치 못할 만년 쇄국을 이어간다!
양놈들의 목을 제물로 바쳐서 해안 7만 리 백귀야행 소환!

으아아;;

이를 벗어나는 과정에서 미국인들은
탈주와 난동 혐의로 구속,
네덜란드 선박 탑승 취소.
나가사키 봉행소 감옥에 갇히게 된다.

그랬다고 합니다.

끙;;

1849년, 나가사키.
아오, 도망치면서 발가락 삐끗한 게 낫지를 않네;;
아노, 저기요. 의사 좀 불러주세요! 치료가 필요해요!
스쿵

Hello ~
으얾럼키웹
ㅀㅎ싀부헐!!
아, 놀라지 마세요.
같은 미국인
동포입니다.
으의에?

Ranald MacDonald 1824~94

오리건에서 은행원으로 일하다가
태평양을 건너 표류해온 일본인들을 보고
호기심이 생겨 포경선 타고 일본 근해까지 왔죠.
그리고
혼자 보트 몰고
홋카이도에 상륙함.
프런티어 정신,
인정합니다.

그리고 일본 관헌에게 넘겨져
홋카이도에서 나가사키까지
소원대로 일본 일주해서
온 거죠.

나가사키에 와서는
영어를 가르치게 되었습니다.
이쪽은 제 영어교실의
에이스 수강생
Mr. 모리야마.
Nice to meet U!

森山栄之助
모리야마 에이노스케 1820~71

이기리스가
잉구란도였구나….
영국 배들의 출몰,
아편전쟁 등으로
근간 막부에서 영어에
관심을 두게 되었고.
TOEIC
마침 등장한
Mr. 마쿠도나루도를
원어민 선생으로
모시게 된 거죠.
Ma Koo do
Na loo do?
아, 저 근데
진료를 좀 받았으면
하는데요.
아, 모찌롱!
의사 선생님도
모셔왔습니다!
Hallo!!
Dr. 구스모토
입니다!

楠本イネ
구스모토 이네 1827~1903

어디가 아프시죠?
아, 예, 둘째 발가락이 접질린 것 같….
지G 볼트 빔!!!
끄아앎ㅇㄴㄹㄲㄲ꺄끄아아앜!!

조금만 늦게 절단했다면
내성발톱성 무좀 합병증이
심각하게 진행되어
목숨이 위험할 뻔했습니다!
역시
Dr. 구스모토!
가차 없죠!
보자마자
남의 발가락 날려버리는
살인 광선의 정체는?!
당신 진짜 의사 맞아?!!
일본 최고 난의 자격증인
지볼트류 의사 면허의
소유자올시다!
지볼트류가
뭔데요?!
지볼트류
의사면허

아, 지볼트 선생은 20여 년 전,
데지마 네덜란드 상관에
의사로 계셨던 자연 과학자죠.
Ich bin Arzt!
※ 난 의사라오!
독일인인 거
들키지 않게
네덜란드말 써요!
Philipp Franz
Balthasar
von Siebold
1796~1866

의술을 인정받아 나가사키에
나루타키 의학원을 열도록
허가받음.

환자도 치료하고
학생들에게 의학도 가르치는
대학병원 같은 거죠.
그 제자들이 난의학의
명문 유파를 이룹니다.
웩

지볼트 선생은 일본의 여러 동식물을 연구하고 표본을 채집해,
일본의 자연·생물군을 최초로 서양에 알린 분이죠.

심 봤다!!

1827년에는
지볼트와 기녀 구스모토 다키와의
사이에서 딸이 태어납니다.

그 딸아이가 자라서 아버지의 뒤를 이어
이렇게 훌륭한 의사 선생님이 되었어요!
호….
저리 훌륭한 사람처럼 설명해놨지만,
사실 아버지는 주변에 엄청
민폐 폭탄이었던 사람입니다.
일찍이 아버지는
막부 천문방 사람들과 교류했죠.
천문방은 대충, 달력 계산하고,
일식·월식·조석간만을 예보하고, 별자리 점치고,
지구 멸망行 거대 운석 접근 등을 관찰하는
국가 천문대입니다.

그런데 이 천문방이
서양의 앞선 천문학 정보를 들여온다는 구실로,
전국의 온갖 난덕들이 모여들어
나랏돈으로 난덕질하는 국가 공인
난학 연구소 비스무리한 게 되었죠.

숨이 막혀 막혀 막혀.
내가 미쳐 미쳐 baby.
난 난 나나나 나난학♪
나난 나난학 나난 나난학!
나난학~♬
나난학~.
어흐;
네덕 냄새;

※ 네덕: 네덜란드 덕후

서양 서적 번역 기구인
'만서화해어용'이 바로
천문방의 산하 기구였던 것.

※ 1권 제9장 참조.

외국어▼
일본어▼
텍스트 입력
번역

서양 생물학자 지볼트와
천문방 난학자들은 당연히
가까워질 수밖에 없었죠.

친목 친목

문제는 1828년,
지볼트가 유럽으로 돌아가려다 배가 좌초되어
일본 관헌들에게 짐 검사를 받았을 때….

뭐, 신고 누락 품목 없죠?
아;; 예;;;

지볼트의 짐에서 반출 금지 품목인
일본 지도와 도쿠가와가 문장이 박힌
옷이 발견된 것!!

옷은 왜??
徳川

그리하여 지볼트는 옥에 갇혀 조사받다가….

아, 누가 준 게 아니라
분리수거함에서
주웠다니까요;

이듬해 추방당하고.
영구 입국 금지다!
※ But 30년 후에 다시 돌아옴.

지볼트에게 지도를 건네준 천문방 책임자
다카하시 가게야스는 고문 끝에 옥사.
부디
동양의 극락 말고
서양의 Heaven으로.

천문방의 난학 그룹 인원 다수가 체포, 유배형에 처해져
19세기 초 일본 난학의 중심 대붕괴.

서양 서적들은 금서 처분당하고
난덕들은 탄압을 피해 언더그라운드로.

아버지의 욕심으로
그리 많은 사람들이 고초를 겪고,
하나의 학문 사조가 박살 났죠.
어처구니없는 민폐 폭탄이죠.
…….
…무엇보다 두 살 때 헤어져
애비 없이 자란 아이의 한이야말로
지볼트가 딸에게 안긴
가장 큰 민폐 아니었을까….
äh, Papa!! Lebenshaltungskosten
für diesen Monat schneller senden!!
※ 어, 아빠! 이번 달 양육비는
좀 빨리 보내줘요!!

이국선 타격령 시절이라
난학을 더 빡세게 탄압한 느낌이 있죠.
국가 정책적으로 서양을
적대시하던 때니까.
ㅇㅇ. 지볼트 사건 10년 후에
난학 때려잡기가 한 건 더 있었죠.
미국과 엮인 걸로.
1837년, 미국 상선 모리슨 호가
일본 표류민 일곱 명을 송환하겠다고
에도만 근처까지 왔다가,
너네 백성들
받아라~!

이국선 타격령으로 인해
쫓겨난 사건이 있었죠.

규잉;;
필요 없다!

사실 모리슨 호의 일본 표류민 송환에는,
이를 기회로 통상 교섭을 트려는 미국인과
독일인 선교사의 입국 의도가 있었던 것.
정 붙이면
고향이죠;;
※ 일본인 표류민들은
일본어 성경 제작에
참여하며 마카오에서
여생을 마친다.

MEANWHILE

모리슨 호 사건을 접한
에도의 난학 동호회
반샤[蛮社]에서는,

숨덕 숨덕.

다하라 번의 가신 와타나베 가잔이 《신기론》을 작성.

이국선 타격을 할 거면
서양 기술 같은 걸
배워서 제대로 하든가!

의사 다카노 조에이가
《꿈 이야기》를 씁니다.
꿈 이야기
이 세상을 다 준다는
매혹적인 얘기♪
내게 꿈을 심어주었어~
배 타고 나가자!

막부 감찰관 도리이 요조가 이들의 글을 접하고-
鳥居耀蔵
아, 유치하다.
꿈 이야기

도리이 요조
1796~1873

난학 동호회와 친분 있는 정적들을 공격할 목적으로,
이 사건을 공안 사건으로 키운다.

난덕 놈들이 체제 비판서 퍼뜨린다!
배 타고 미국으로 건너가
양놈들과 내통하려고 한다!!
지난 줄거리의
요괴 놈이잖아?!

그리하여 반샤 멤버들 투옥·유배.

몇 명은 고문 끝에 옥사.
와타나베 가잔은
감옥에서 할복.

다카노 조에이는 탈옥 후 자결.
Free 덕!!!!!

蛮社の獄
반샤의 옥

도리이 요조가 주도하는 난학 박해의 광풍이
전국을 휩쓸고 지나간다.

순결한 신주 일본에 스며드는 더러운 서양 세균!! 그 균으로 피어난 곰팡이 암세포 난턱 서양빠 놈들!!
다 태워서 정화해주마!!
요괴다!! 쇄국 요괴!!

이렇듯 이국선 타격령 17년 기간은 서세동점의 쓰나미를 앞두고 시대를 가로막은 트롤링 기간이었죠.

하지만 1842년,
아편전쟁의 충격으로
이국선 타격령 철회!

사혁 빠와!
ㅎㄷㄷ;;
이국선 타격령

1844년, 도리이 요조도 실각!
유배행.
…….

막부의 이국선 정책은 신수급여령으로 회귀.
외국 배에 물과 식량을 공급해
좋게 좋게 보내는 걸로.
먹고 얼른 꺼져주세요.

몰려오는 서양 세력의 파도를 앞두고
이제 막부와 여러 번은 난학과 어학 인재들을
특채하며 앞날을 대비하고 있습니다.
앞으로 천하의 향배는 토익 점수에 달렸다!
재 방금 멸망 선언한 거냐?

지금은 이렇게 영어 공부와 영어 사전 제작도 막부가 나랏돈으로 시켜주고!
이제 난덕질하기 좋은 세상 오려나봅니다.

아니,
저 위에 지난 줄거리를
좀 봐달라고요.

도리이 요조가 요괴 대마왕이 되어서

일본 해안선 전체를 7만 리 백귀야행으로 봉쇄하려고 한다니까요?!

이 양반, 머리도 약간 치료가 필요한 것 같은데요…. Dr. 구스모토.
지G볼트 빔!!!
으아아앍!!

제 3 장

Pacific Lake

이제 곧 고대의 괴이와
불가사의들이
이 바다 위로 떠오른다.
그 이후로 어떤 인간도
살아서 일본에 도달할 수
없으리니.
이 바다는
영원히 닫히게 될 거시….
뿌슝
꾸앍?!!

듸딍
크어얽.
손나;;

만사휴의로다….

이제….
일본은….
꼬르륵

표적
격침 확인!
미 해군 슬루프
프레블 호
USS Preble

과연 일본 근해의
요괴 출몰설은
사실이었군.
함장 제임스 글린 중령
James Glynn

곧 나가사키다.
일본인들이
요괴보다는 친절하길
바라야겠지.

나가사키
상하이
광저우
홍콩

프레블 호의 항해 경로.

아편전쟁을 마무리 지은 난징조약의 후속으로
1843년, 영국과 청나라 사이에 후먼조약 체결.

영사 재판권, 고정관세, 최혜국 대우까지 감사히 받겠습니다.
우와! 저 섬 사기꾼 놈이!!

이를 지켜본 프랑스와 미국은,
우리가 좀 섭섭해질라 그러네요.
아오;;
가족들에게 이 사진을 보여줘도 괜찮을까요?

1844년, 중국은 미국·프랑스와도 왕샤조약과 황푸조약 체결.
대신 우리는 아편 반입 금지해드림.

저들과의 조약은
나름 이이제이의 느낌을
기대한 바가 없지 않죠.
미국·프랑스가
영국이랑 그렇게나
원수진 사이란
말이지….
EEJ
양적양
서양사

하지만 이 열강과의 조약은 화끈한 불평등조약.
그 대표적인 불평등 요소를 볼짝시면,

관세 자주권 상실

흠흠. 뭐, 간단하게
고정 관세로 갑시다.
세관
ㅇㅇ? ㅇㅋ
관세에 대해
잘 모름.

자국산업의 보호·성장이 필요할 때,

국산 제품이 수입 제품보다
비싸서 안 팔려요;;
30元
20元
국산!
수입품
….

관세란 매우 유용하게 쓰이는 것.

보호무역
완쑤이!!
얍! 관세 파워!!
올라가라!
수입품 가격!!
30元
50元
관세
국산!
수입품

그리 중요한
관세 자주권을 박탈
음…. 관세는 고정 관세로!
변동은 협의를 통해서만!
(Ps. 최혜국 대우로 언제나
최저 관세 유지.)
어;; 야;;
관세

근데 중국이 자국산 제품
가격 경쟁력 밀릴 일이 있나?;;

그런 불평등조약을 통해
개항장에 미국 영사관도 개설되고,

영·불 함대와 함께
미국 동인도 함대도
개항장에 닻을 내리게 된 것.

어휴, 남중국해에 해적이 많아서
통상 안전을 위해
함대가 필요하죠.
그 해적들
여기 다 와 있구먼.

그렇게 광동에 와 있던
미국 동인도 함대
가이징거 제독에게
네덜란드인들이 찾아와
알려주길.

나가사키 감옥에 미국 선원들이
잡혀 있더라고요.
여차 저차 여럿 죽었다던데요.
헐;

그리고 그 미국 선원들 투옥이
요즘 일본 근해에 출몰하는
요괴와 관련 있다는 얘기도 있죠.
잉?

이에 가이징거 제독은
글린 중령에게
미국 선원들을
구해오라고 명령.

일본 정보도 최대한 수집하고,
갔다 와서 보고서도 좀 쓰고.
가는 길에 요괴 있으면 잡고.
아이 아이 써!

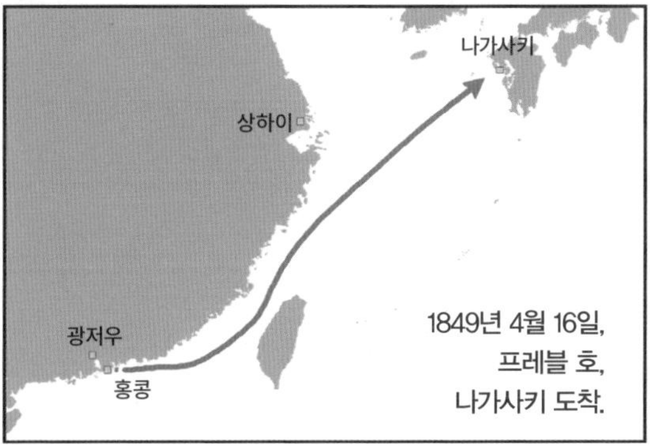
나가사키
상하이
광저우
홍콩
1849년 4월 16일,
프레블 호,
나가사키 도착.

미국 선원들 풀어주쇼!
이런저런
죄목이 있어서
곤란한데요….
오는 길에 이 대포로
요괴도 잡았는데!
헐, 그럼
풀어드려야죠.

미국 선원들 석방.
아이고!!
할렐루야!
살았다!!
오, 세이 캔 유 씨~ ㅠㅠ

열다섯이 다임?
병들어 죽고, 자살하고, 도망가다 잡혀서 처형당하고, 요괴한테 잡아먹히고 등등 해서 열다섯 명 남았어요.
아, 여기서 영어 가르치는 미국인도 한 명 있던데요.

Mr. 맥도널드도 같이 귀국하십시다.
아, 저도요?

나라에서 일본통을 싹 다 불러오랍니다.
oh;

그리하여 라고다 호 생존자 열다섯 명과 맥도널드는
고국의 품으로 돌아가고.

복수할 거다!!
나가사키, 언젠가 다 태워버리겠다~!!
사요나라~!
Vaarwel!

글린 중령은 대對 일본 정책에 대한
보고서를 작성해 올린다.

보내는 사람 제임스 글린<James_Glynnzzang@usnavy.gov>
받는 사람 대통령 각하<whitehouse@usa.gov> X
참조 +
제목 거시적 대전략 차원에서의 대對 일본 정책에 대한 보고서
첨부 − 파일 첨부하기 모두삭제 1개 업로드 완료
X 일본 정책 보고서.hwp 18.5KB
탁!

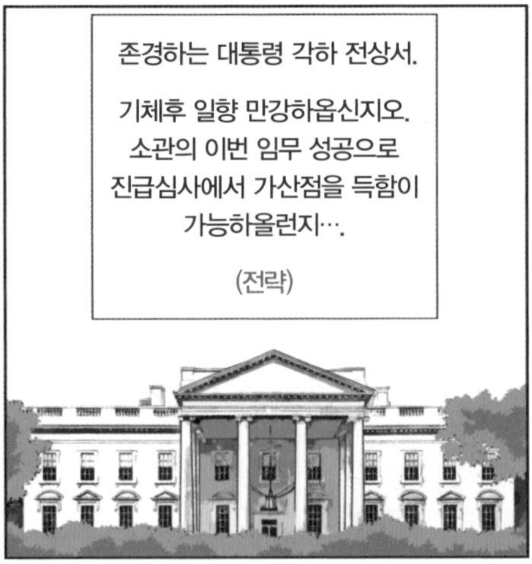
존경하는 대통령 각하 전상서.
기체후 일향 만강하옵신지오.
소관의 이번 임무 성공으로
진급심사에서 가산점을 득함이
가능하올런지….
(전략)

…북서 태평양, 일본 근해 수역은
따뜻한 난류가 북극에서 내려온
한류와 섞이는 지점이기에,

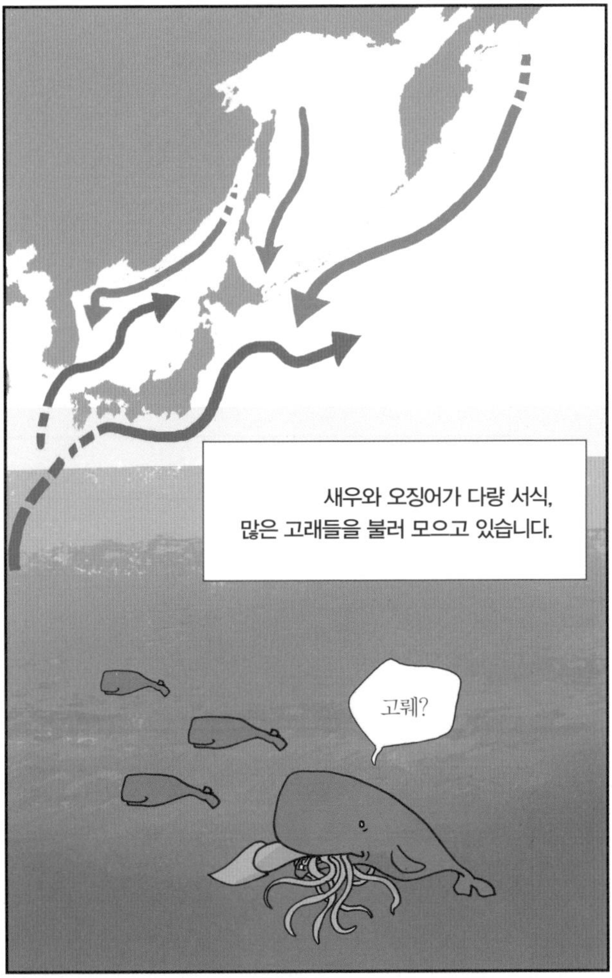
새우와 오징어가 다량 서식,
많은 고래들을 불러 모으고 있습니다.
고뤠?

So,

연간 550여 척에 이르는 포경선이 일본 근해에서 조업에 나서며,
그중 80퍼센트 이상이
미국 포경선입니다.

저 수역에서 조업하는 우리 포경선들이
풍파를 피해 의탁하고 보급받을 항구가
하나도 없다는 것은 곤란한 일입니다.
아오, 일본에 잘못 들어가면 끔살당한다던데;;

일본이 이들 포경선에게 항구를 열어준다면
이는 미국 포경산업에 큰 득일 것입니다.
굿 잽!
이랏샤이~ 어서 옵쇼~.

더 거시적인 이야기를 해볼짝시면,
근간 중국이 문호를 개방해 통상을 텄죠.
미국이 영국보단 좀 낫지.

원래부터 면직물을 엄청 찍어내던 중국이
면직산업을 현대화할 경우,
막대한 면화 수요가 예상되는 바입니다.

가자!
4억 내수!!

기계식 방적·방직산업에서 면화의 품질은
섬유장의 길이에 달려 있죠.

섬유장이 길면
더 튼튼해 오래가고
기계식 방직·방적에
생산성이 높아지고
품질이 좋아집니다.

튼튼
부스스

인도가 면화의 본가라 하지만
섬유장이 짧아 품질이 하급입니다.
꼬우면 인도에서
다 나가면 되겠네.

이집트 면화가 섬유장이
가장 긴 최고급 면화긴 하지만
생산량이 적고 공급이 불안정합니다.
최고급☆이집트$면화!☜☜ §
§수량한정§§★매진임박★
재고 없음.

미국 면화는 그 중간 정도의 상급 품질 면화로
세계시장에 안정적으로 대량 공급되고 있습니다.
※ 킹왕짱 최고급 해도면 제외.

가히 미국 경제의
본진 미네랄이라
할 수 있죠!
그러면 일꾼 유닛을 좀
소중히 대해야
하지 않을까요?

So,

향후 대對 중국 면화 수출 대박을
기대해볼 수 있습니다.

노예 부려서
수확한 면화라니;;
미개하다;; 미개해;;
COTTON
元

기실 면화뿐 아니라
미국의 온갖 다채로운 생산품을
다 팔 수 있는 4억 시장이
바로 중국입니다.

그 신천지
중국으로 가려면
대서양과 인도양을
지나가야 합니다.

그런데 아시다시피 인도양은,

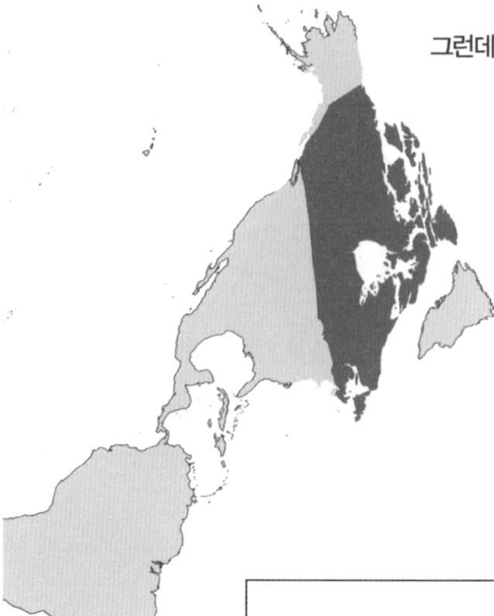

미국의 잠재 적국 1호,
영국의 바다입니다!

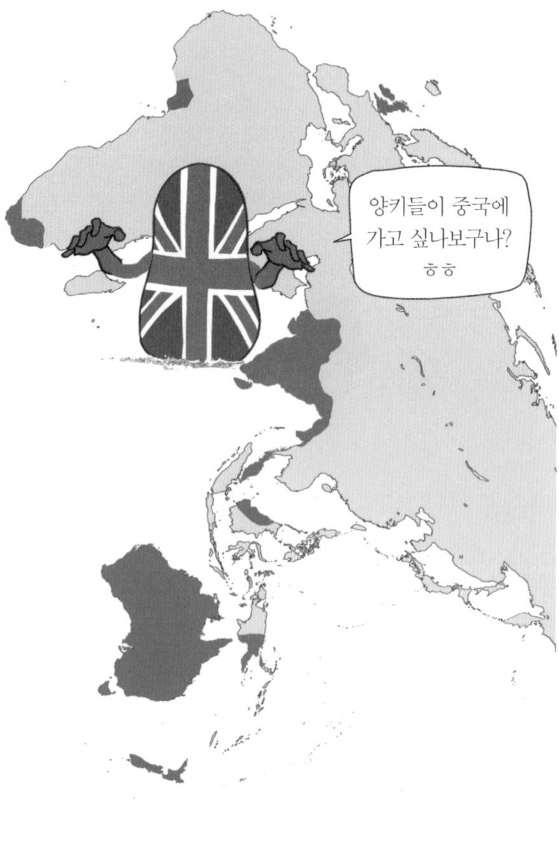
양키들이 중국에
가고 싶나보구나?
ㅎㅎ

중국으로 가는 서양 세력은 모두
영국의 눈치를 보며
영국 바다를 지나가고 있죠.

말라카 해협을 통과하고 싶으면
내 가랑이 사이로 지나가거라!
훙낄낋낋
크흙, ㅠㅠㅠ

BUT!

하느님이 보우하사 미국에게
다른 바다가 생겼습니다!

쏴아아아
!

태평양을 거쳐
중국으로 갈 수
있게 된 것입니다!

USA
CHINA

이는 근간 명백한 운명에 의해
미국이 태평양 연안까지 영토를
확장할 수 있었던 덕분입죠.

※ 원래 미국 영토.

1818년,
영국과 협상.
1803년,
구입 from 프랑스.
1819년,
구입 from 스페인.
영국은 낳고 버린 부모(중절 시도),
프랑스는 키워준 부모, ㅇㅈ?

무엇보다 재작년
멕시코 전쟁이 대박이었죠.

1846년,
영국과 협상.
1845~48년,
강탈 from 멕시코.
후손들이여!
복수를
Por favor!!

이렇게 얻은 태평양 연안을 거쳐
중국으로!

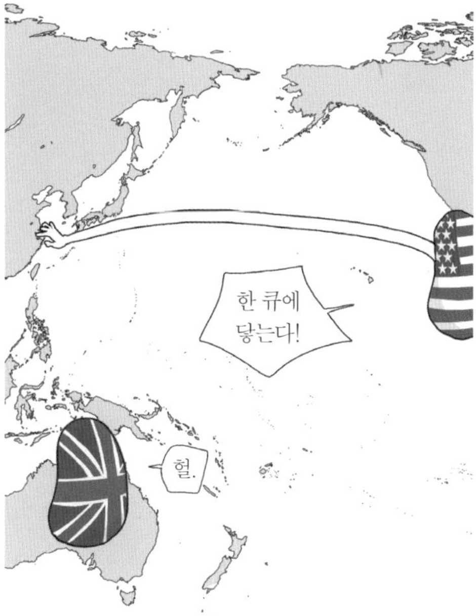

한 큐에
닿는다!
헐.

하지만
태평양에서 중국으로 들어가는 길에도
일련의 결계가 있습니다!

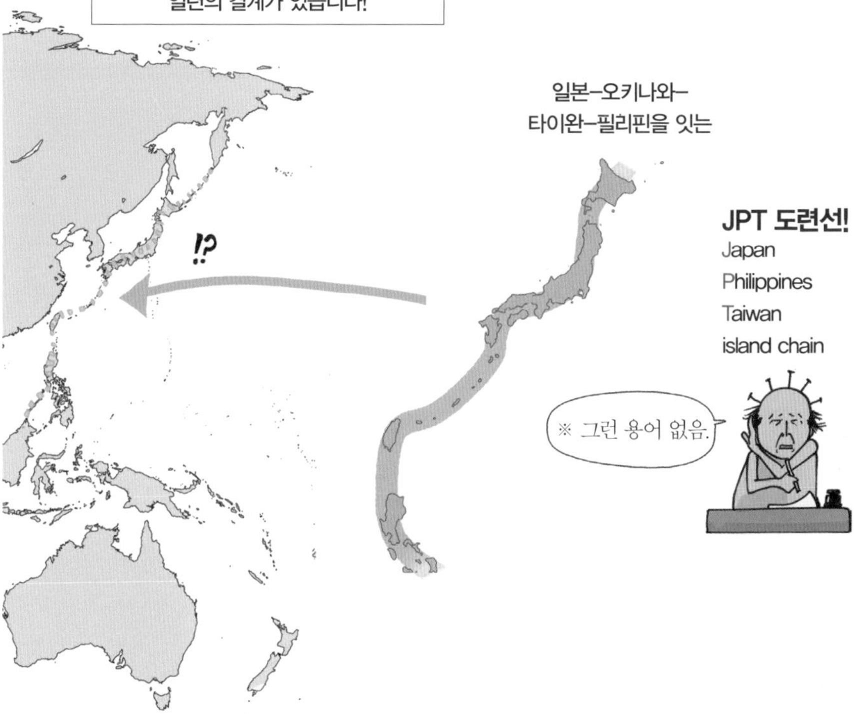

!?
일본-오키나와-
타이완-필리핀을 잇는
JPT 도련선!
Japan
Philippines
Taiwan
island chain
※ 그런 용어 없음.

JPT 도련선을 장악하는 세력이
태평양을 거쳐 중국으로 들락거리는
게이트를 장악합니다.

So,
미국이 이 도련선을 장악,
태평양을 미국의 호수로 만드는 것을
대전략 목표로 삼아야 합니다!

현재 타이완은 중국 땅이고
필리핀은 스페인 땅.
일본은 오키나와를
손에 쥔 채 홀로
쇄국 중입니다.
뭔가 불안한데;;

So, 미국은 일단 일본을 반석으로 삼아
태평양 서안에 발을 내딛어야 합니다.
지진 나는 땅을
반석 삼지 마라!!

그리 일본을 영향권에 두기 위해,
미국이 그 나라의 문을 열고 문명 세계로
이끌 패트론이 되어주는 것!

일본 개항을 위한
함대 파견의 용단을
청해 올립니다!
흠 좀….
미국 12대 대통령
재커리 테일러
Zachary Taylor
태평양 대전략! 일본 개항!
그럴듯한 탁견 아닐런지요!
부통령
밀러드 필모어
Millard Fillmore
복덕방 제갈량의
중2병 천하 몽상이다!!
헐?

태평양 연안까지 새 영토를 얻었다 한들,
제대로 된 지도도 없는 첩첩산중 서역만리 오지奧地고요!

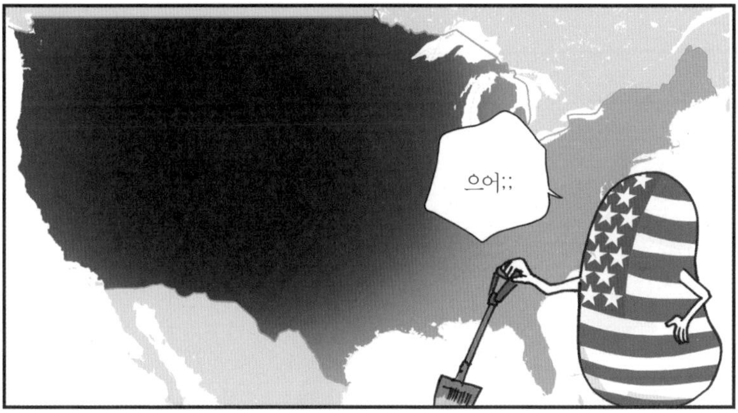

서쪽으로 국가 시스템을
확장하기 위해서는,

인디언들도 밀어내야 하고,

철도도 깔아야 하고,

도시도 만들어야 한다.

그 모든 과정을 거쳐
동안에서 서안까지 물류가 트이려면
몇 수십 년이 걸릴지 알 수 없다!
으어어어어.
이 시점에서 태평양 호수 운운이라니
국뽕 자제좀요.
오 세이
캔 유 씨~
오히려 저놈의 신영토 때문에
남부 놈들이 노예주州 만들라고
지랄발광 설사 파티다!
노예제 없던 땅에
노예제 만들려고
멕시코랑 전쟁한 거냐?!
1850
타임엔

남부 노예주 놈들은
그걸 구실 삼아
찢어져 나갈 흑심 만땅이지!!
파워 분리!!

들어올 땐
마음대로였겠지만
나갈 땐 아니란다.
함께해서
더러웠고
다신 만나지 말자.
어쩔 것인가?!
우린 아직 제대로 된
통일국가도
아닌 거야!

이리 나라가 찢어질 판국에
무슨 태평양이니 일본이니
판타지 뽕 빠는 소리냐!!
히익;;
분리독립
시전!!

남부 노예주 놈들을 무력으로 찍어 눌러
확실한 통일국가를 만들고 난 연후라야
바다 건너를 논해볼 수 있으리라.
수신 제가
'치국' 평천하!

잠깐;;
남부를 군대로
누르신다고요?
그래! 불씨는 초장에
빨리 밟아 뭉개야지,
안 그러면 나중에
대참사가 된다고.

남부 놈들이 연방군
대포 앞에서도 분리 독립 드립
씨부리는지 한번 보자고!!

며칠 후, 1850년 7월 9일.

테일러 대통령
사망
1784~1850

~~게장과 감~~ 우유와 체리를 과식, 위장염으로 급사.

이제 미국의 대업패도
앞에 놓인 과제들을
어떻게 해야 할까요?

패리.
존나 패리.

제 4 장

1840년대 연대기

1839년

조선 헌종 5년

헌종(13세)

헌종의 할머니, 김 대비의 수렴청정 시기에

할머니
순원왕후(김 대비)
할아버지 순조 비
어머니
신정왕후(조 대비)
아버지 ~~박보검~~
효명세자 빈

김 대비의 친정인
안동 김씨의 세도가
성공 가도를 달리는 와중에
헌종의 어머니, 조 대비의
친정인 풍양 조씨도
세도가로 부상,
JO
JO

풍양 조씨 라인인 우의정 이인영이
강력한 가톨릭 색출·처벌을 주장,

안동 김씨가 가톨릭에 비교적 관대하다는 약점을 찔러보는 것.
일본에서 사용하는 '추미에'라는 방법을 도입합시다!!
'후미에'다. 등X아.

이를 김 대비는 오히려 더 강하게 받아서 강력한 가톨릭 탄압책 시행.

헐;
무작위 가택수색해서 십자가·묵주만 나와도 처벌! 오가작통법 시행!!
방귀 뀐 놈 색출 분위기 때에는 오히려 더 화를 내야 하는 법이죠.

그렇게 진행된 1839년 가톨릭 탄압.

기에 대해 해박하다는 뜻 아닌감?
오, 주여;;

기해박해
己亥迫害

프랑스 신부 세 명을 포함한 가톨릭 신자 119명 처형.
푸와

MEANWHILE

그해에 윌리엄 폭스 탤벗이 네거티브 건판 사진술 개발.
망나니는 왜 칼에 술을 뿜는 거죠?
아, 칼로 베인 자리 감염되지 말라고 소독하는 거임.

지중해에서는 이집트 위기 발생.
제발 싸움을 멈춰주세요!!
#Peace_for_Syria!!

중국 광저우에서는 아편전쟁 Begins.
※ 1권 제10장 참조.

에드몽 베크렐이
태양광 전지 원리 발견.
이제 태양광 에너지
시대가 온다!!

1840년

안동 김씨의 반격

기해박해를 주도한
이인영 실각, 유배.
풍양 조씨 앞잡이 노릇의
끝이 좋을 줄 알았나….

10년 전, 윤상도 막말 상소 재심.
윤상도와 직계 3대 처형.
(안동 김씨
정권을 욕하는)
악플러와
가짜 뉴스 엄단!
AHN KIM

윤상도 사건에 엮인
추사 김정희 제주도로 유배.
이 우표만 붙이면
어디로 유배를 가셔도
편지를 보낼 수
있습니다.
주소는 추사체로
쓰지 마세요.
추사체는
아직 없어.

POSTAGE
M ONE PENNY H

※ 영국에서 최초로 우표 발행.

영국-마오리족, 와이탕이조약 체결.
※ 와이탕이조약: 뉴질랜드 건국 문서.

1841년

헌종(15세) 친정 시작.
대신들이랑 싸우지 말고 잘 놀아요~
할미는 발레 〈지젤〉 초연 보러 가야 돼요.

MEANWHILE

에도 막부 11대 쇼군
도쿠가와 이에나리 사망.

51+4년의 무능한 통치기간, 체제는 점점 기울어가고….
55년을 통치하며 자식 55명 싸지르는 대업….

1842년

호구조사 결과, 조선 인구: 663만 491명.
반절 이상인 조사 누락률을 감안하면
당시 조선 인구는 1,300만~1,600만으로 추산.

조정은 안동 김씨와 풍양 조씨의 동거 정권행.

조인영
조병현
김좌근
김흥근
친환경
전기차 도입
어떻습니까?!
JO
金
AHN KIM
일단 주행거리 100미터는
넘기고 논해봅시다.

※ 로버트 데이비슨,
최초로 2인승 전기차 제작.

아편전쟁 종료, 난징조약 체결.
※ 1권 제14장 참조.

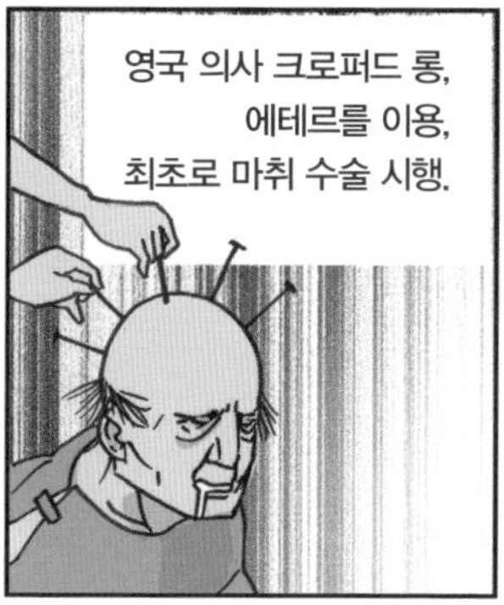
영국 의사 크로퍼드 롱,
에테르를 이용,
최초로 마취 수술 시행.

1843년

헌종, 천연두에 걸렸다가 회복.

으어; 다행히 흉터
안 남았다;;
※ 아버지 얼굴 닮았다는
핑계로 거울을 즐겨 보는
나르시스트.

1844년

뭔; 개나 소나
다 역모여….
민진용·이원덕 등
중인 계층(무인·의원)의
역모 모의 발각.

역도들이 모시려 했던 종친 원경(은언군 이인의 손자) 처형.

전신기를 사용하면 강화도에 가셔도 실시간으로 재판 정보를 받아볼 수 있죠.
우리 형이 처형당했대요;
※ 원경의 동생 원범 훗날의 철종.

5월 24일, 워싱턴-볼티모어 간
최초로 전신 송수신 성공.

1845년

6월, 영국함 사마랑 호, 제주도 도착.
중국 개항시킨 김에 주변 해역 마실 좀 돌아봅시다.
조선애들은 가난해서 아편 살 돈 없다해. 내버려두라해.

각주 달린 세계지도와 부채 등을 선물하고 감.

보고 공부 좀 하세요~
영어라서 못 읽겠잖아!
The Explorer's Guide to the Asia

조정은 영국 군함의 내항을 이웃 나라들에 통보.

아, 영국애들한테 조선에 오지 말라고 얘기 좀 해줘요;
영국놈들 군함 왔음. 너네도 조심해라.
ㅇㅇ. 영국놈들 깡패들임.

일본과의 이양선 정보 공유 협정에 따른
느슨한 쇄국 안보연대랄까.

8월, 김대건 신부 입국.

마카오에서 8년을 공부하고 왔습니다!
마, 마카오 김!

MEANWHILE

아일랜드 대기근 시작.

영국 놈들이 우릴 굶겨 죽이진 않겠지?

마오리전쟁 시작.

영국놈들 다 죽여라!!

1846년

세실 제독의 프랑스 극동 함대 세 척, 충청도 해안에 출현,
기해박해 때의 프랑스 신부 처형을 항의.

1839년에
우리 프랑스 신부 세 명
왜 죽인 거죠?
말해봐요.
어;; 음;;

그리 물어보고 다시 떠남.

내년에 답을 받으러
배를 보낼 거임.
일단 베트남 쪽 일이
좀더 급해서 이만.
으어;;

마침 한 달 전에 김대건이 체포당해 수감중이었습니다.

아이고! 김 신부님!
불어 좀 하시나!?
un peu.
※ 조금.

조정은 김대건에게서 프랑스 함대와
유럽 각국에 대한 개략적인 정보 수집.

프랑스 해군이 작열탄 포인 팩상 포를 장비하고 있으니. 가까운 미래, 청년학파의 등장이 예상됩니다.
청년학파? '소론' 같은 건가.

작년에 영국인들이 주고 간 세계지도도 번역해줍니다.

조선에 대해서는 뭐라고 쓰여 있남?
"대체로 무해함."

조정은 이리 쓸모 있는 김대건을 회유하려 들었지만,

배교하면 역관 쪽 벼슬 특채해준다니까?!
요즘 유럽도 무신론이 대세라는구먼! 마르크스도 유물론 연구하고 있다던데.

순교로
부탁드립니다.

9월 16일, 김대건 처형.

MEANWHILE

헌종(20세), 총융청을 총위영으로 개편.
근위대 확보에 나서다.

도성 수비 병력을 쪼개서
궁궐 수비 병력을 확충하도록.
그 사령들은 내가 직접
발탁한다.
충성!

헐;; 주상께서
슬슬 자기 정치
하시려고?
정조 대왕
코스프레를
하시는구먼;;
음,
뭔가 불안한데….
이렇게 불안할 때는
일단….

1847년

풍양 조씨를
공격한다!!!
으그윽;;

그리하여 풍양 조씨 중핵인 조병현 실각, 유배.

권력의 위치 에너지가
높을수록 실각할 때의
충격 에너지도
크다는 거죠.
헤르만 헬름홀츠,
에너지 보존 법칙 발표.

작년에 조선에 왔던 프랑스 세실 함대,
이해 4월, 선교사 박해를 구실로 베트남 다낭 포격.

포탄이
폭발한다?!
뻐
펑
이것이 작렬탄이란 것이다!
음쿠콰콰쾅ㅋㅋ쾅ㅋ!

그렇게 베트남을 찔러본 후,

라피에르 대령! 조선에 가서 작년에 전달한 항의 문건 답신을 받아오도록!
Oui!

기세등등하게 답신 받으러 온 프랑스 군함 라 글루아르 호. 고군산 군도 수역에서 좌초.
※ 새만금 방조대 있는 곳.
으어;;

원, 상하이에 보트를 보내서 배를 빌려올 때까지 먹거리를 좀 공급해주옵시면, 값은 시가로 치릅죠;
아휴, 답신받겠다는 건 그게 꼬레아가 아주 동방예의지국으로 소문이 자자해서, 앞으로 친하게 지내자는 거죠;
아휴, 우리 조카도 K팝을 어찌나 좋아하는지, 그 포탄소년단인가 뭔가-.
곤경이 매너를 만드는군요.

전라도는 프랑스군 700여 명에게
한 달 동안 물자를 공급.

이 동네 갓김치 맛있네요! God 김치여!!
그럼 미슐랭 스타나 좀 내놓으시죠.

한 달 후, 프랑스인들은
상하이에서 빌린 영국 배를 타고 떠납니다.

문제의 답신은 중국 외교 루트 편으로 보내드림.

1848년

혁명의 해가 밝았습니다! 만국의 노동자여! 단결하라!!
마르크스, 《공산당 선언》 발표.

프랑스, 2월 혁명

루이 필리프
1세 퇴위.
왕정 폐지.
12월 대선에서
루이 나폴레옹 당선.
정국 혼란으로
프랑스의 아시아 진출도
잠시 주춤.

독일 각지, 3월 혁명

민족! 자주! 통일!!

오스트리아, 3월 혁명

슈트라우스
1세!!
2세!!!
메테르니히
실각.

헝가리, 독립전쟁 발발

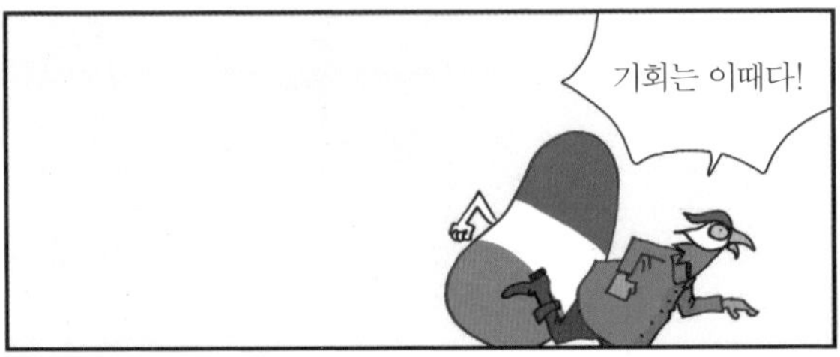

기회는 이때다!

혁명과는 아무 상관없지만, 미국-멕시코 전쟁 종전.

영토가 혁명적으로
확장되었지!!

그 밖에 영국에서 참정권 확대 운동 격화,
이탈리아 통일 운동가들이 로마 공화국 건설,
네덜란드 직선제 의회 도입 등등,

1848년은 19세기가 꺾이며 유럽이
민족주의 근대국가로 나아가는
혁명의 해로 역사에 남습니다.

뭐, 혁명의 해라니,
조선에서도 혁명 비스므리한
느낌을 좀 추진해볼까 싶은데요.
히읽?!
※ 19세기 초 중반,
페퍼박스 리볼버 유행.

헌종, 반反 안동 김씨 공세 시작

조병현·김정희 등
반反 안동 김씨 인사들 사면.
귀양살이 8년,
추사체 만들다
변사체될 뻔.

안동 김씨 큰 두목, 김흥근 유배.
상감께서 진짜
우리 치시나봐;
으어어;; 안동 김씨
40년 권세도
여기까지인가?!

1849년

헌종 사망
※ 7월 25일 사망.
사인, 결핵.

아이고!! 상감마마!!!!
아이고오오오오오~
스물셋에 호색으로
몸이 약해져 급사?
내가 그 나이 때는
폭풍 달달
에너사이서였구먼;;

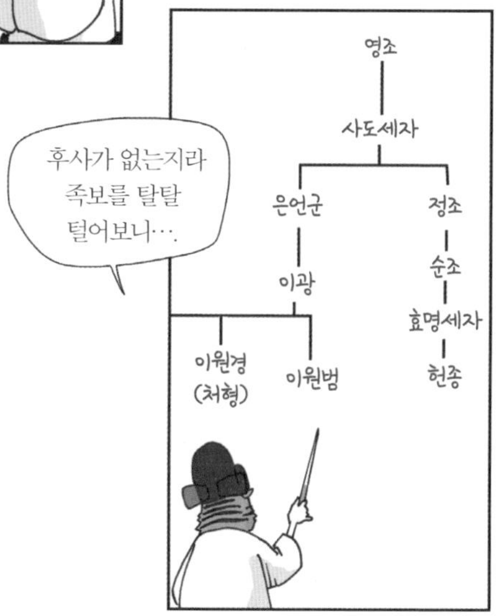
후사가 없는지라
족보를 탈탈
털어보니….
영조
사도세자
은언군
정조
이광
순조
효명세자
이원경
(처형)
이원범
헌종

강화도에 쳐박아뒀던
농촌 총각 이원범, 새 임금으로.

으헑?!
Long live the King!
상감마마!!
궁으로 가십시다!

난 형처럼 죽고 싶지 않아요!!!
임금님 되셔서 모셔 가는 거라니까요?!
역적들이 간판으로 쓰려고 데려가려는 건가?!
아, 진짜 궁에서 나왔다니까요!
증거는?!
휙
으아아아.
옥새를 맞았으니 얼마 가지 못했을 거야.
철종 즉위. (19세)
즉 순원왕후 김 대비 제2차 수렴청정.

즉 안동 김씨 세도 최절정기.

안김~ 안김~♬
그대 품에 안김♬
꿈을 꾸며~♬♬
金
金

작년에 사면되었던
조병현 처형.
내 입장 돼봐라!
헌종 독살설을
어떻게 안 믿겠냐?!

1850년

7월 9일,
美 재커리 테일러 대통령 사망.

밀러드 필모어 대통령 취임.

김정희 마지막 유배行.
이제 제주도로 가셔도 해저 케이블 덕분에 전보 연락이 가능합니다!
이번에는 제주도가 아니라 함경도여….
영국-프랑스 간 해저 전신 케이블 개통.
아, 선생님한테 전보가 왔는데요. 송신자가…
하응?
하응~♡

제 5 장

The Beginning of the End

1849년 말, 도광제(68세)의 촛불이 꺼져간다.

아오옭;; 결국 영국 놈들한테
복수하지 못하고
가야 하는가?!
가시기 전에
후계자는
정해놓으셔야죠.

청 황실은 황제 생전에
황태자를 지명하지 않는다.

대신에 죽기 직전,
후계자 이름을 쪽지에
적어서 봉인한다.

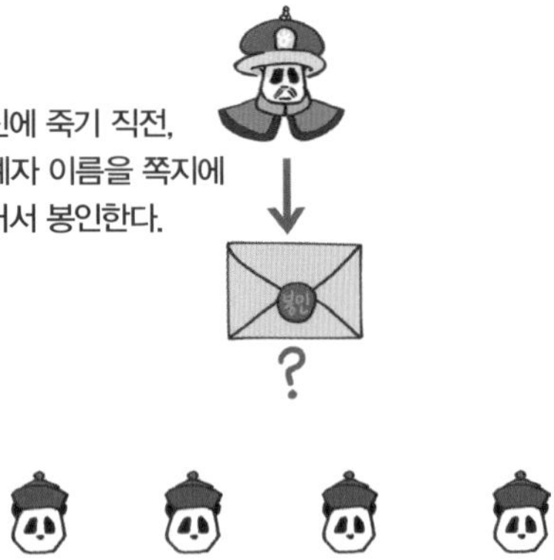
봉인
?

황제 사후에 봉투를 개봉해 후계자를 발표하니,
이것이 태자밀건법.

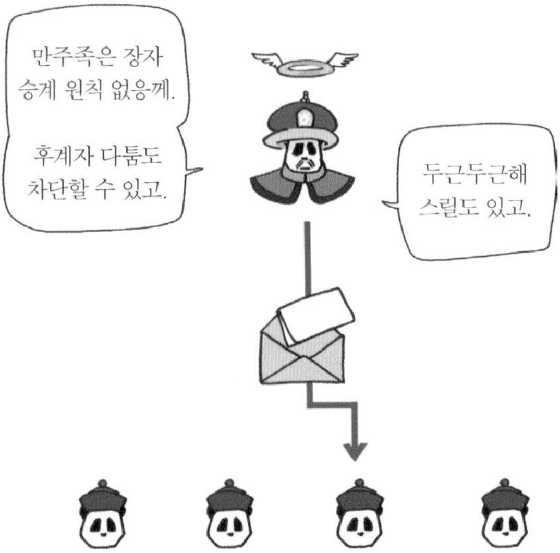
만주족은 장자
승계 원칙 없응께.
후계자 다툼도
차단할 수 있고.
두근두근해
스릴도 있고.

도광제의 후사를 이을 적합한 후보로는
최종적으로 4황자 혁저와 6황자 혁흔이 거론되었다.
4황자 혁저
(19세)
奕詝
6황자 혁흔
(17세)
奕訢
So, 죽음을 앞둔 도광제 앞에서
두 황자가 후계자 자리를 놓고 기량을 겨루게 된다.
서바이벌 오디션
슈퍼 천자 CHINA!

혁저의 고민.
…객관적으로 보면
내가 혁흔보다 스펙이
후달리니 어쩌나;;;
만물박사 ·
스포츠맨.

음?
뒤집을 방법이
없진 않사옵니다~
전하께선 감수성이
풍부하시니….

미션 1.
국정 현안 솔루션
프레젠테이션

6황자 혁흔의 PT.
아편과 영국에 대한 배상금 때문에 빚어진 은화 부족, 디플레이션 상황 타개를 위해 블록체인 기술에 기반한 비T코인 등 가상화폐를 적극 도입해….

4황자 혁저의 PT.
….
대청이 나아갈 길

어흙,
ㅜㅜㅜ
대청이 나아갈
잉?

어찌 벌써 뒷날을 염려하시어 소자들에게 국정을 하문하시옵니까;;
아바마마께서 건강을 회복하시어 나라를 이끌어주시는 것 외에 달리 어떤 솔루션이 있을 수 있단 말이옵니까! 어흙헗흙엉흐휴ㅜㅜㅜ

어으헗크헝웅흙류ㅜㅜㅜ
何?
….

미션 2. 사냥은 만주인의 기본 소양
에픽 활! 애신각라의 초대! 공+50! 추가 물뎀 2퍼센트! 관통 35퍼센트!
그런 거 외우고 다니지 마라;;

몹들을 싹 쓸어왔으니
다 푹 고아서 아바마마께
갖다 바치겠습니다!
오.
버프 드세요.

음, 혁저는 사냥 운이
별로 안 좋았니?
….

어미가 새끼들을 낳아 기르는 시기에 활을 당겨
천륜을 찢는 일이 아바마마의 쾌유를 비는 시국에
어찌 상서로운 일일까 싶었사옵니다;;
이를 가지고 형제간에 재주를 다투는
모양새가 나오는 것 또한 어찌
기꺼워할 수 있겠습니까;;
…얼씨구.

미션 3. 아바마마의 쾌유를 빌며 불경 베껴 쓰기

음, 혁흔의 글씨는 호쾌하고 준민한 기세에 숨김이 없구나.
혁저의 글씨는 단아한 필치 속에 신중함이…. 음?

뭐지?
이 자국은?
!!!
눈물 자국!!
어흙흐규ㅠㅠ
아바마마 ㅠㅠ
….

심사를 마친 도광제는 1850년 2월 사망.

그가 지명한 다음 황제는,
두구두구두구두구두구두구
대청 제9대 천자는!!

4황자 혁저!!!
완스이! 완스이!
완완스이!!

6황자 혁흔은
다방면에 기량이 뛰어나니
~~염친왕~~ 공친왕에 봉한다.
아바마마!!
谢谢!! 쎄쎄!!
!@#
이성이 감성에게
쳐발렸군요.

1850년 3월, 청 제9대 황제 함풍제 즉위.
咸豊帝
만주 칭호는
'급시 얼기영거 한.'

몇 개월 후, 광서성行 가도.
그랬다고
합니다.
좌종당
임칙서

선제께서 4황자를 택하심은,
나라가 어려울 때는 잘난 지도자보다 덕 있는 지도자가 필요하다는 뜻을 유지로 남기신 것이지.
죽는 그날까지 트롤링 싸지르고 가시는 유지 같은데요.
이 중차대한 시국에 늙어 골골대는 임대인을 늙어 골골대는 말에 태워
머나먼 변방 광서성으로 보내버리는 처사만 봐도 베이징 조정 놈들 수준이 나오죠.
임칙서는 흠차대신으로 광서성行.
※ 특명전권.
아니, 작금의 광서성 상황은 나님이 직접 가서 해결해야 할 정도로 심각한 난국이라네.

廣西省
산도 많고 강도 많고,
날씨가 슬슬 동남아 느낌 나는 땅.
호남성
귀주성
운남성
광서성
광동성
광저우
홍콩
베트남
원래 좡족이 사는 땅이지만
한나라 이후로 2천년간 중국 땅이 돼 놔서
한족 토박이들이 더 많이 산다.
뭔 동물을
그려놓은 거냐.
좡족壯族
여기에 언제부턴가 객가인들도 스며들어 자리 잡아왔고.
客家
객가 방가~
we are
guest family!
※ 객가: 산골에 사는 걸
좋아하는 자연인들.

열심히 일하며 돈 잘 모으는 객가인들은
산골을 거점으로 점점 영역을 넓히고.
벌목·화전·목탄 제조 등으로
숲을 헐어가니,

점차 토박이들과의 갈등이 증폭된다.

미친놈들아! 숯 좀 그만 구워!!
환경 파괴에 미세먼지 오지네!!

광서성 각지에서
토박이들과 객가의
충돌 빈발.

강 상류에서 똥 싸지 마!
땅값 떨어진다!!
광서성 미개
이미지는 너네가
다 만든 거지!
장족 밀어내고
들어온 놈들이
토박이 행세
양심 어디?
객가 놈들, 불시에
객사당해볼 테냐!

양측 싸움에
천지회조직까지
끌어들인다.

썰어버려!
으따, 광저우 왕서방 이 새퀴 잘 만났다!!
그 뱃때지! 과학 교양 발전을 위해 인체의 신비전에 납품해주마!
담가버려!

天地會

천지회는 한족 부흥을 위한 비밀결사로,
백련교의 난 등, 반反청운동의 막후에서
암약해온 조직이라고도 하고,

POLICE
반청복명!
멸만홍한!
누르하치 개객기 해봐.

실상은 그냥 폭력·
갈취·청부·마약 등
범죄를 일삼는
조폭·마피아·
카르텔과 다를 바
없다고도 한다.

멸만홍한하려면 돈이 필요한 것이여!
이 천지회가 훗날 삼합회로 발전하는 거죠.

광서·운남으로 진출한 천지회의 일부는
훗날 동남아와 연계한 아편 생산-유통
거점화를 모색하기도.

천지회-삼합회의 상징은
골든 트라이앵글…!
아편 킬러 임칙서가
나설 때군요!

여기에 더해
아편 무역과, 전쟁 배상금 납부로 인해 은 부족 사태.
디플레이션이 중국 남부 경제를 강타.

은 다 어디?!
영국
중국

세금 1은원을 내기 위해선
쌀 한 가마를 팔면 되던 것이,

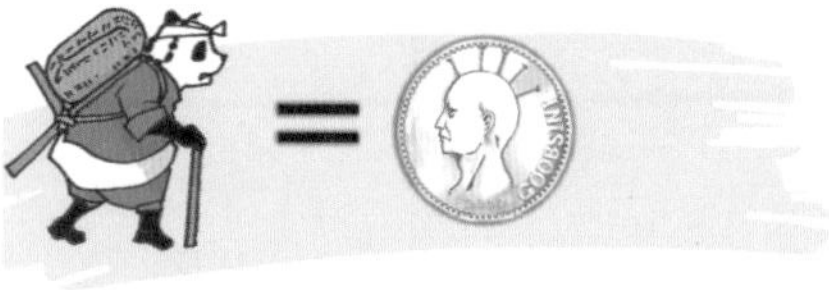

※ 1권 제6장 참조.

은 부족으로 인해 은 가격이 폭등해서
이제 1은원을 내려면
쌀 두 가마를 팔아야 하는지라,

소작료도 따라서
폭등하죠.
못 내면 퇴출.

사업체들도 대출금 1은원을 갚기 위해
물건 100개를 팔면 되던 것이,

僞酒談
夏宇樹

이제는 200개를
팔아야 된다는 것.

사기도 안 당했는데
저절로 대출금이
두 배가 됐어!!
僞酒談
夏宇樹

그리하여 소작료를 내지 못해 쫓겨난 농민들,
사업체 도산으로 실직한 인부들, 날품팔이들.
광저우
홍콩
이들 유랑민 행렬이 광서성으로 밀려 들어온다.
광서 산골짝에 들어가면 화전이라도 일궈 살 수 있겠지;;
국경 지대니까 보따리 밀무역이라도 할 수 있지 않을까나.

So, 현재 광서성은 장족·토박이·객가·천지회·유랑민 등등이 모두 얽혀 언제 폭발할 지 모를 폭탄 위에 걸터앉은 난국!
아오, 한족 놈들;;
객가 놈들 개객기!
원주민 놈들 미개~
천지회가 지배한다.
같이 삽시다~

게다가 요즘 요상한 사이비 종교가
광서성에서 세를 확장 중이라지.

광서성 산골 저 멀리에
나타난 빛기둥이
그 사이비 종교와
관련 있는 걸까….
예?

아니,
뭔 빛기둥이
있다는 겁니까?
저기 안 보이냐?!
저렇게 시뻘겋게
빛나는데!
음;; 유학자는 괴력난신을
논하지 않는 법입니다만;
아마 서쪽 하늘의 흐릿함을
잘못 보신 게
아닐까 싶습니다.
서쪽 하늘을 저 핏자국이
또렷하게 가르고 있잖냐!
저 피비린내 나는
찬란한 빛기둥이!
…피의 기둥.

천하의 피를 퍼 올리는
거대한 파이프.

하늘은 이 땅으로부터
피를 원하는가.

어째서 중화의
피여야만 하는ㄱ….

헑; 대인!?!
풀썩

1850년 11월, 임칙서 사망.
아이고. ㅠㅠ
대인!;; ㅠㅠ

1851년 1월 11일.
태평천국 봉기.

제 6 장

너는
내 아들이라

1851년 1월 1일, 광서성 금전촌.
당신은~ 사랑받기 위해
당신은~ 사랑받기 위해
태어난 사람~♪
태어난 사람~♪

당신의 삶 속에서~ ♩
당신의 삶 속에서~♩
그 사랑 받고 있지요~♬
그 사랑 받고 있지요~♬

당신은~ 사랑받기 위해
당신은~ 사랑받기 위해
태어난 사람~♪
태어난 사람~♪

지금도 그 사랑
지금도 그 사랑
받고 있지요~♬
받고 있지요~♬

천왕님! 생신 축하드립니다!!
천왕님! 생신 축하드립니다!!

이것은 과거 4수 낙방생이었던 나님이
사이비 종교 교주가 되어
거사를 일으키기까지의 이야기.

洪仁坤
본명 홍인곤
1814년생.
광동성 화도의 객가 자영농 집안 출신.
집안의 기대를 받으며 10년 넘게 과거시험 공부에 인생을 올인.
사천
장사
호남
강서
구이양
귀주
복건
푸저우
구이린
쿤밍
샤먼
광서
운남
광동
화도
광저우
홍콩
베트남
타 학원 원시 전문
부시 원시 저자 직강
원시 특화
10년을 공부해도 지역 예선인 향시 패스도 못하는 것이 현실이죠.

1837년, 3수 실패.
불합격입니다

이에 충격받고 뻗어 있었을 적에,
으어~ ㅅb!@#! 세상은 똥이야!
힘들고 지쳐~♪ 낙망하고 넘어져~♬
일어날 힘~♬ 전혀~ 없을 때에~♪
음?
조용히 다가와~♪ 손잡아주시며~♬

나에게~ 말씀~♪
하시네~♬
상제님?!?
(하나님)

너는~ 내 아들이라~♬
오늘날 내가 너를
낳았도다~♪

너는 내 아들이라~♬
나의 사랑하는
내 아들이라~♪
아, 근데요, 상제님.
상제님 아드님 계시지 않나요?
예수님이라고….

ㅇㅇ. 너는 둘째아들.
즉 내 동생임.
헉; 예수님?!

주 우리 아버지~ 우리는 그분의 자녀♪
예수 우리 형제~♪
손에 손잡고 하나 되어
함께 걸어가리~♬

자, 신검 운중설을 줄 테니
가서 세상을 정화하여라.
예?
雲中雪

아, 저, 그러면
과거시험 합격부터
어떻게 좀….
지금 그딴 게
중요한 게 아니야.
저 염라요를 처단하는 것이
너의 사명이다!
챠아아아!
으엃켱 크헗렁켱어 으엉컥
벌떡

으어;
꿈이었구나;;

이런 책을 읽다가 잠들어서
개꿈을 꾼 건가.
권세양언
勸世良言
구원의 비밀!
성공의 열쇠!

권세양언

勸世良言

최초의 중국인 목사 양아발 (본업: 인쇄업자)이 간행한 기독교 선교 팸플릿.

책을 받아가시면
영국제 십자가
파이프도 드립니다!

저런 이상한
서양 종교에 빠졌다가는
과거시험 면접에서 떨어지겠지.
개꿈 무시. ㅇㅇ
하지만 6년 후, 1843년.
과거 4수 실패.
같이 낙방한
동네 친구
풍운산
馮雲山
으어,
ㅅb#~
과거시험은 솔직히
공맹의 2천 년 묵은
똥 처먹기 콘테스트지! ㅅB#!!
공자 센터
퍽

과거로 뽑은 천하의 수재님들이
아편전쟁 아주 잘 치러주셨죠?!
사서삼경으로 양놈들
똥꼬나 닦아주라 그래라!
아, 근데 내가 예전에
상제 하나님한테
검을 받는 꿈꾼 거
얘기했지?

어, 그 개꿈?
오줌도 지렸다고 했던가.
그 검이 오늘 발신자 불명
택배로 왔더라고….
웬?

어찌 된 영문일까….
팔아서 술 먹자.

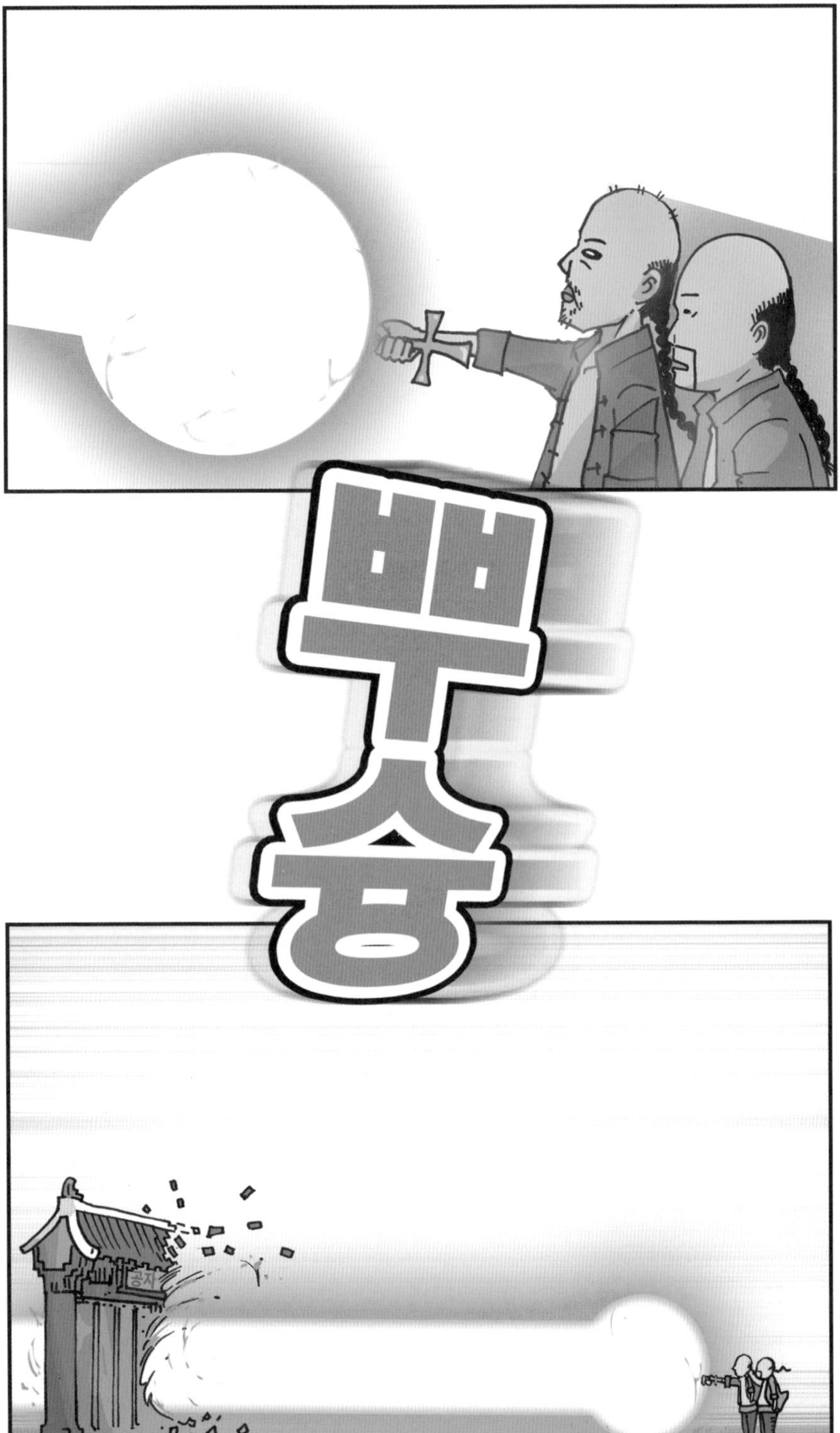
빠
숑
공자

….

ㅇㅇ!
너님은 상제 하나님 둘째 아들이고
신도들을 모아 염라요를 물리치고
세상을 정화해야 할 사명이 있어!
첩은 한 100명 정도 둬야 해!
난 50명!
진정해;
미친놈아.

이게 더는 작동하지 않으니;;
이적을 입증할 방법이 없어.
일회용이었나;;

동생
홍인간
그거라면 걱정 ㄴㄴ 내가 동영상으로 다 찍었음!
올ㅋ!
근데 동영상은 왜 찍고 있던 거?
'과거 낙방 망생들 울분의 꽐라쇼.avi'로 유튭에 올리려 그랬거든.
그리하여 배상제회를 조직하고 포교에 나섬.
이름도 홍수전으로 바꾸고.
拜上帝會
洪秀全
아, 글쎄 이분이 예수님 동생이여! 이 신검에서 막 파동포가 나가!!
'울분의 꽐라쇼.avi'를 검색해보세요!
하지만 광동은 중국에서도 상당히 깨인 지역인지라,
요즘 미친놈 많네.
영상 도트 튀는 거 보소. 합성 티 쩌네. ㅋㅋ

미국인 선교사
아이사처 J. 로버츠 목사를 찾아가
서양의 진짜 기독교와 손잡아보려고도 했지만,
제가 하나님 둘째 아들이고 예수님 동생인데요. 서양 성경 책에 추가할 부분을 알려드리려고요.
대륙의 이단 스케일 쩌네!!
※ 교섭 실패.
So, 별 수 없이
그냥 서당 선생이나 하면서 지냄.
애들아, 선생님이 사실은 예수님 동생이거든?
예수님은 서양인인데요?
입양 됐나보지.
풍운산은 포기하지 않고 광서성行을 택한다.
사천
창사
호남
강서
구이양
귀주
복건
푸저우
구어린
쿤밍
광서
샤먼
운남
광동
광저우
베트남
광서 촌놈들은 순박해서 통할 거야.

과연 광서성은 시골인지라….

안 믿으면 우리 교주님께서
이 신검으로 다 지옥 보내버립니다!
헉! 폰에서
동영상이 나오네?!

1년 후.

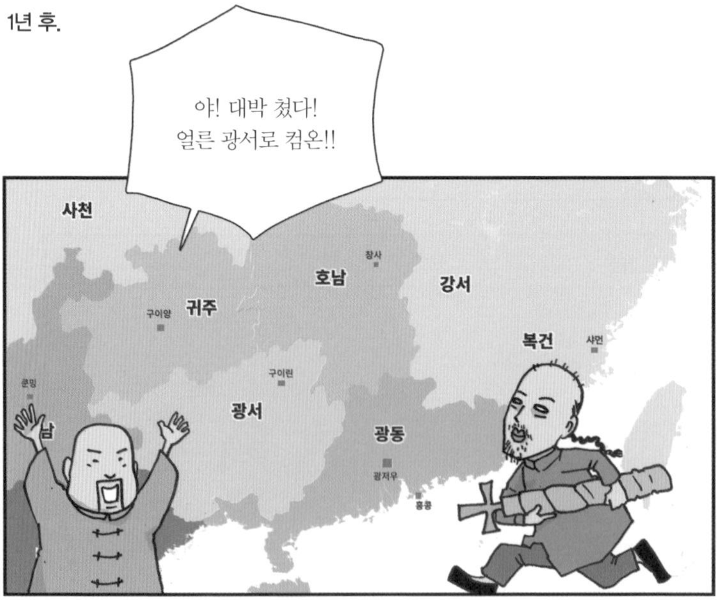
야! 대박 쳤다!
얼른 광서로 컴온!!
사천
창사
호남
강서
귀주
구이양
복건
샤먼
구이린
쿤밍
광서
광동
광저우
홍콩

1847년, 신도 2천여 명의 환영을 받으며
광서로 들어간 것이었던 것이다.

꿈에 그리던 님이 오셨습니다!!

배상제회의 신도는 주로 객가·유랑민들.
토박이들과의 싸움으로 핍박받는 불쌍한 사람들.

그날이 오면, 싫은 놈들을 교주님의 플라즈마 포로 싹 다 태워 죽이는 겁니다!

교세 확장을 위해 시골 마을에 자주 사용하는 수법은,

그 마을 사람들이 섬기는 토속 신령의 신당 때려 부수기.
우지끈 와자작
뭔 짓거리야, 미친놈들아!!
ISIS냐?!

분노하는 마을 사람들 앞에서
한 아이가 거품을 물고 쓰러진다.
음?
으긇흙앍규아아악!

때려 부순 신당의 신령에 아이가 빙의된다.

"아, 아. 마이크 테스트.
나님은 저 신당에 살던 제갈량입니다.
나님은 북벌도 못 이룬 찌리니까 잊고,
이제 상제 하나님 둘째 아드님을
모시도록 합시다."
헐;
듣고 보니 확실히 제갈량은
좀 애매한 면이 있었어….

그런 식으로 광서성 산골 마을을 하나씩
접수해가며 교세를 팍팍 확장하던 중에,
광서
베트남

1848년 초,
주민 신고로 풍운산이 관아에 잡혀 들어감.
종교의 자유는 어디에?!
그런 건 170년 후에도 없어.
너무 현실적인 전개인데?
교주님, 어떡하죠?;;
어;; 음;; 설마 나도 체포당하려나?;;
상제님의 권능으로 부디!
나님이 광저우에 가서 풍운산을 풀어달라고 로비해보겠음!
…라는 핑계를 대고 광서 산골에서 탈주.

로비는 개뿔; 나도 잡혀 들어가기 전에
얼른 다 접고 고향으로 돌아가자;;

지도부 없이 남겨진 배상제회 신도들은
당황·동요.
어쩌지?
웅성웅성
집에 갈까?

띠유우우우웅
음?

숯쟁이 양수청 楊秀清

"상제가 양수청의 몸을 빌어 고한다.
받들지어다!"

1848년 3월 3일.

천부하범
天父下凡

굽씨의 오만잡상

멸만흥한을 기치로 삼은 태평천국답게, 태평천국 신도들은 청나라의 변발을 거부하고 머리를 기르기로 했습니다. 문제는 당시 한족의 전통적인 헤어스타일을 기억하고 있는 사람이 아무도 없었다는 점입니다. 명나라 멸망 이후 청나라가 행한 세계 사상 유래 없는 두발 통제 정책으로 변발 이외의 헤어스타일은 모두 사라지고, 한족 전통 헤어스타일리스트들은 그 대가 끊겼습니다. 이 때문에 태평천국 신도들은 제대로 된 한족 헤어스타일인 상투를 틀지 못하고, 그냥 자라는 대로 긴 생머리를 흩날리며 돌아다녔던 것입니다. 머리 자라는 속도가 대략 한 달에 1.3cm, 1년에 15.6cm라고 한다면, 3년이면 이미 46cm가 넘는 생머리를 찰랑거릴 수 있었겠죠. 물론 저 난리통에 죽지 않고 살아남아야 저만큼 기르는 것도 가능하겠습니다만. 아무튼 그렇게 긴 머리를 휘날리는 태평천국 신도들을 본 사람들이 '장발적'이라 부른 것입니다.

머리 기르니까 무협지 주인공 삘 나지?
냄새 쩌네!! 기를려면 좀 감고 다녀라!
SHAMPOO
실제로는 변발이 그나마 위생적인 헤어스타일이었겠죠···.

명나라 시대의 한족 헤어스타일은 그냥 우리나라 조선과 비슷한 모양새였다고 합니다.

상투 틀고, 망건 두르고,

가끔 비녀도 사용하고.

쟤넨 상투 크기가 큰 걸 보니, 디테일한 머리 정리 스타일의 차이는 있는 듯.

오늘날 똥머리가 그 상투의 의지를 이어가고 있습니다.

제 7 장

태평천국 Rising

그래서 어떻게 되었나요?
아, 글쎄 양수청이 상제 하나님 신내림을 받아 빙의되어서 상제님 목소리로 막 뭐라뭐라 하더라지 뭔가.

"자, 나 상제님이 지침을 내려줄 테니까 진정들 하라고."
양수청
楊秀淸
진짠가?!
상제님이 평생 두 번 샤워한 놈 몸을 골라 들어가셨다고?!

그때 다른 숯쟁이 소조귀라는 놈도 갑자기 예수님에 빙의되었다고 나섬.
"나, 예수가 소조귀의 몸을 빌어 말하노라!"
뭔 God밍아웃 시즌이냐?!
소조귀
蕭朝貴

그렇게 둘이서
진짜 상제님·예수님인 양
대화를 주고받더란 말이지.

"예수야, 설날에
왜 안 내려왔니?"
"아휴, 하나님 아버지도
참;; 크리스마스랑 부활절
사이가 저 사업 제일 바쁜
시즌인 거 아시잖아요."

그럴듯한데?

'상제 하나님'과 '예수님'은 신도들에게 숯을 판 대금의
10퍼센트를 관아에 뇌물로 바쳐서
풍운산을 빼내도록 지시한다.
"숯 판매대행은
이 소조귀에게
맡기도록 하라."

하나님의 계시 치고는
상당히 구체적이고
소소하군요.

So, 뇌물을 써서 풍운산 석방.
상제님과
예수님께
감사드립니다~!
元

그렇게 문제가 다 해결되고,
홍수전도 은근슬쩍 다시 돌아와
화기애애하게 위기 극복!

우리 모두 사랑을 나눠요~♪
내 맘에 기쁨이 넘치게~♬

상제님 신내림을 좀더 유용하게 활용할 방안을 생각해봤습니다.
문제는… 그 신내림이 진짜인가…. 교주인 나님의 권위를 능가하는, 상제님 빙의라는 엄청난 권능을 인정할 것인가.

상제님 들어와 있는 동안 제 몸에서 나오는 물을 성수로 판매하면 어떨까요!
혹시 저놈이 사기 치고 있….

뜌듸웅
컥!
잉?

"아들 홍수전은 상제의 명을 받들라!"
아이고, 네네~!
넙죽

"형제들을 무장시키도록 하라! 요마의 제국 청나라를 멸할 군대를 조직하라!"
명 받들겠사옵니다!

풀썩
하;;
진짜인가벼?;;

So, 양수청의 천부하범(상제님 신내림) & 소조귀의 천형하범(예수님 신내림)을 공식 인정.

애초에 세력이 있던 자들인지라 지도 그룹으로 합류.
天父下凡
天兄下凡

하지만 저놈 신내림이 가짜인 경우가 분명히 있는 것 같은데….
"상제가 명하노니, 양수청에게 치킨을 바치도록 하라~!"

새로 온 치킨 아저씨!
양수청한테 치킨 한 마리
튀겨다줘요!
예이~
예이~

양수청…
신내림,
천부하범….

이후 지역 부자인 위창휘가
배상제회에 입교해서 돈 걱정 없이
무기를 갖출 수 있게 되었고

아이고,
우리 주님께서
(물)주님을
보내주셨어.
위창휘
韋昌輝

군재 있는 젊은이들도
속속 가담.

제가 광서성 밀덕왕
군벌 꿈나무입니다요!
석달개
石達開
석달개?
3month dog?

배상제회의 근거지인 금전촌은
점차 군사기지화된다.

여기저기서 무기를 만들고, 들여오고, 비축하고.

1850년 말에는 1만여 명을 무장시키고 군사조직화.

짜잔~

이 불온한 움직임은 당연히
관아의 주의를 끌고.

그 사이비 종교 놈들이 떼거지로 무장하고 으쌰으쌰 하고 있답디다!
헐; 그때 (뇌물받고) 풀어준 그놈네 교단이;;
현사무소

1850년 12월, 홍수전을 체포하기 위해
관헌과 관병, 민병대가
금전촌으로 들이닥친다.

…
어이~! 홍 씨! 잠깐 현사무소에 좀 같이 갑시다!

배상제회 신도들이 이 관병들을 습격.

영장은 갖고 오셨음?!
쳐라!
으앍?!@#!?

병력을 인솔해온 관헌을 포함,
50여 명의 관병이 살해당한다.
미친 사이비 광신도들이다!!

이제 우리는 공식적으로 저 요마의 제국
만청(만주족 청나라)에 맞서는 천군이다!
변발을 끊어라!!

광서성이 발칵 뒤집혀, 토벌군을 증파.

미친 사이비 이단 놈들에게
정화의 불꽃을!
12월 25일,
총병 주봉기를 사령관,
부장 이극탄포를 선봉장으로
3천+알파의 토벌군이 출동.
금전촌
강구
징글벨♪
징글벨♬
징글 미아 핑~♪

이에 맞선
1만 배상제회군은
석달개의
작전지도하에 포진.

밀알못 아재들이라도
망치와 모루라는 걸
들어본 적 있으시겠죠.
모루는 무거워서
못 들어….

1851년 1월 1일,
청군의 선봉이 금전촌 입구에 도달,
금전촌전투가 벌어진다.

청군이 금전촌 입구로 들어오려는 것을
풍운산과 석달개의 중앙군이 모루가 되어 맞고,
새해 복 많이 받아라~!
그 복은 명복!

양수청과 소조귀가 이끄는 좌우익이
양쪽에서 청군을 들이친다.
세뱃돈 대신
너네 초상 조의금!
와장창

부장 이극탄포를 포함,
청군 300여 명 전사.
청군은 증원을 포기하고
패주한다.

배상제회는 금전촌전투의 승전을
홍수전의 생일과 함께 축하.

열흘 후인 1851년 1월 11일.
태평천국 건국 선언.
太平天國
ETERNAL PEACE
金田起義
금전기의!
금전촌에서
뜻을 세우다!

천국이라니;;
나님이
천왕이다!
무슨
Kingdom of
Heaven이냐;;
일본 왕 칭호가
천황이던데….

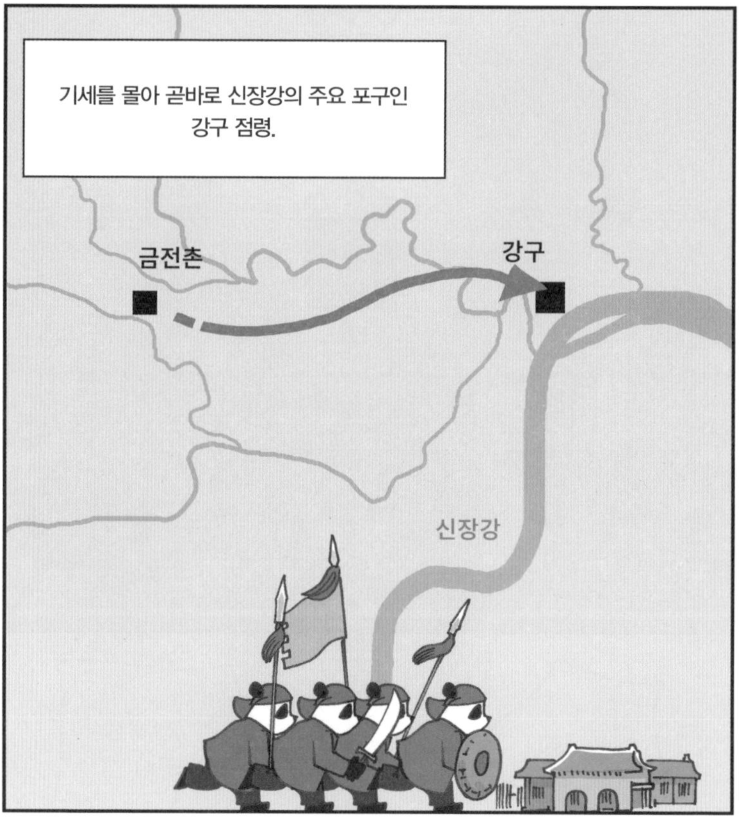
기세를 몰아 곧바로 신장강의 주요 포구인
강구 점령.
금전촌
강구
신장강

강구에서 천지회 수적 두목인 나대강이
2천의 무리와 함께 태평천국에 합류한다.
나대강의 수군 운영진은 이후 물자 보급, 세력 이동 등에 큰 역할을 하죠.

태평천국의 반란 소식은 베이징 조정에까지 올라가고,
함풍제는 토벌 명령을 내린다.

아아, 어리석은 백성들이 저리 사이비 종교에 홀려 신세를 망치는 것은 짐의 덕이 부족하기 때문이로다.
부족한 건 덕이 아니라 머리겠지.
※ 공친왕 실각.

조정의 명을 받들어 광서·운남·귀주 3성의 제독이 병력을 차출.
3성 연합군 1만+알파를
강구로 보낸다.
금전촌
강구
평남
신장강

이에 태평군은 3월 초,
강구를 버리고
근거지로 후퇴.
별거 아니구먼. ㅎ
추격해서 겜 끝내자.

하지만 태평군을 추격한 청군의 전위대는
태평군의 반격에 격파당하고.
따라오지
말그라….
컥;;

이에 청군 지휘관들은 각자의 병력을 아끼니,
앞장서서 태평군을 공격하려는 움직임이 없었다.

솔직히 광서성 반란이니까 광서 제독아문이 앞장서서 처리해야 하지 않남?
조정에서 다 함께 힘 합쳐 싸우라 그랬잖아!! 아오!!
아, 집에 가스불 안 끄고 나왔다;

결국 태평군이 근거지에서 나오지 못하도록 봉쇄하며
소규모 교전을 이어가는 정도로 토벌 흐지부지行.

저것들이 나오면 그때 때려잡으면 되겠지?

태평천국은 이후 반년 동안
청군의 손이 닿지 않는 산골 구석구석으로
세를 뻗어나가며 힘을 키워간다.

군인 아저씨도
구원의 기쁜 소식
받아보시죠?

일부 세력은
합류에
실패하기도.

이윽고 1851년 8월 16일,
태평군은 모든 물자를 챙긴 뒤
근거지를 떠나며 그 터전을 싹 태워버린다.
고향 마을을
태워버린다고?
다시 돌아오지
않을 대장정의 출발을
의미하는 것이다.

막아서는 오란태의 청군을 대파.
관촌전투
크악!
이럴 줄
알았다!!
금전촌
강구
평남
몽강
쉰장강

3만여 세력을 몽땅 다 배에 싣고
강을 따라 영안성으로 향한다.
영안성 방향
강구
평남
몽강
신장강

구이린
(광서성 성도)
9월 24일, 영안성 공격.
※ 현재의 몽산.
영안성
금전촌
강구

9월 25일, 영안성 함락.
Finally!!!
성을 얻었드아아!!

1851년 10월 25일,
5왕 봉작.
이제 성도 얻었으니, 가오 좀 잡아도 되겠지. 다들 왕관 하나씩 씁시다.
북왕 위창휘 (31세)
서왕 소조귀 (31세)
천왕 홍수전 (37세)
동왕 양수청 (28세)
남왕 풍운산 (36세)
익왕 석달개 (20세)
의전 서열은, 홍수전 – 양수청 – 소조귀 – 풍운산 – 위창휘 – 석달개 순.

이 왕들은 모두 상제님의 자식들!
천형제 브라더스! 패밀리인 것입니다!
왕팸인가.
음? 저기
저 여자 분은
뉘신지?
아, 소조귀 마누라
홍선교.

홍선교
洪宣嬌
원래는 양씨지만
홍씨 성을 내림.

아, 글쎄 상제님이 꿈에서
저한테도 딸이라고 인정을
해주셨다니까요?!
…라고
하는데요;;
…이 부부사기단 연놈들….

하지만 이 여자에 대한 여신도들의
지지가 가히 세력이라 할 만하니….
선교 언니
너무 고우시다.
멋쪄.

ㅇㅋ! 너님도 상제의 따님! 여섯째 여동생! 천형제 패밀리의 일원!
어머! 고마워요! 오라버니!

천왕자(하늘 왕언니) 칭호 수여.
天王姉

후후훙훙….
이것은 경천동지의 천하방략을 향한 큰 한 걸음….
오버 떨지 말자;; 여보;

제 8 장

하늘의 성, 천경

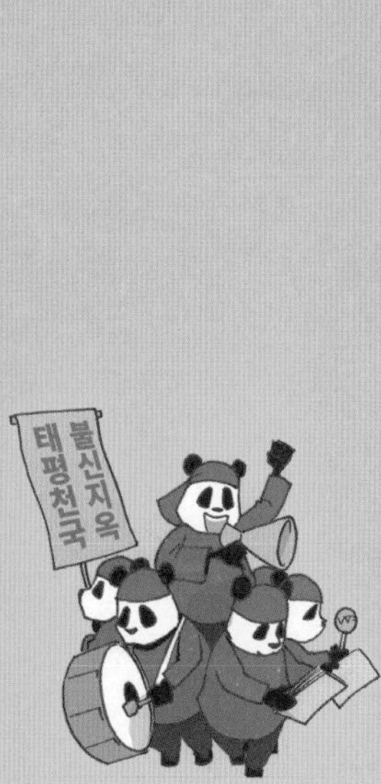

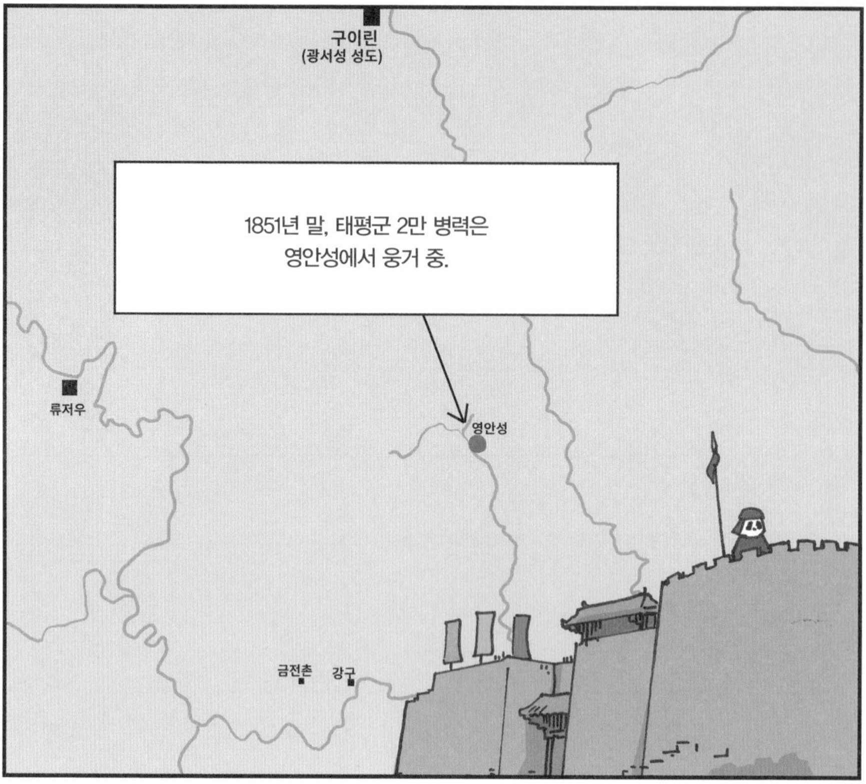
구이린
(광서성 성도)
1851년 말, 태평군 2만 병력은
영안성에서 웅거 중.
류저우
영안성
금전촌
강구

어쩌다보니 영안성에서
거느린 첩이
서른여섯 명이네요.
ㅎㅎ;
나도 한
스무 명 정도는~

홍수전이 희희낙락거리는 동안
청의 토벌군 사령관 오란태는
병력 4만 8천을 모아 영안성으로 진격.

동서고금 사이비 교주가 제일 먼저 하는 일이 하렘 만들기라더라!

12월 10일, 청군은 영안성의 보급기지인
수두촌을 공격. 소조귀가 맞서 싸우지만 패퇴.

나 다쳤다!! 나 다쳤다고!!
예수님 능력으로 치유 안 되남?

구이린
(광서성 성도)
청군의 영안성 포위 공격이 이듬해 4월까지 지속.
위기 상황에서 상제의 대리인 양수청이
리더십의 중심에 선다.
류저우
영안성
더 버티는 건 무리죠. 탈출합시다.
어으;

1852년 4월 5일 밤, 태평군은 영안성을 빠져나와
청군의 포위선 취약점을 뚫고 탈출.
《출애굽기》 삘이야;;

성공적으로 탈출하기 위해
남은 태평군 후위 2천은 전멸.

청군은 곧바로 태평군 본대를 추격.
《출애굽기》처럼
가르고 도망갈
홍해 바다도 없지!

그러나 추격하던 청군은 태평군의 매복에 걸리고,
콰랑땅탕
서프라이즈~!
5천의 전사자를 내는 참패로 청 토벌군 와해.
오란태 해임.
태평군은 여유롭게 강을 따라
북상하며 다음 타깃을 노린다.
융저우
취안저우
다오저우
구이린
영안
금전촌
광서성 성도인 구이린 낙성!
모든 광서성 백성들의 꿈
아니겠습니까?

BUT 4월 중순부터 한 달 동안 공격했지만
구이린은 함락될 기미를 보이지 않고.
여리고 성처럼은
안 되는구나…;;

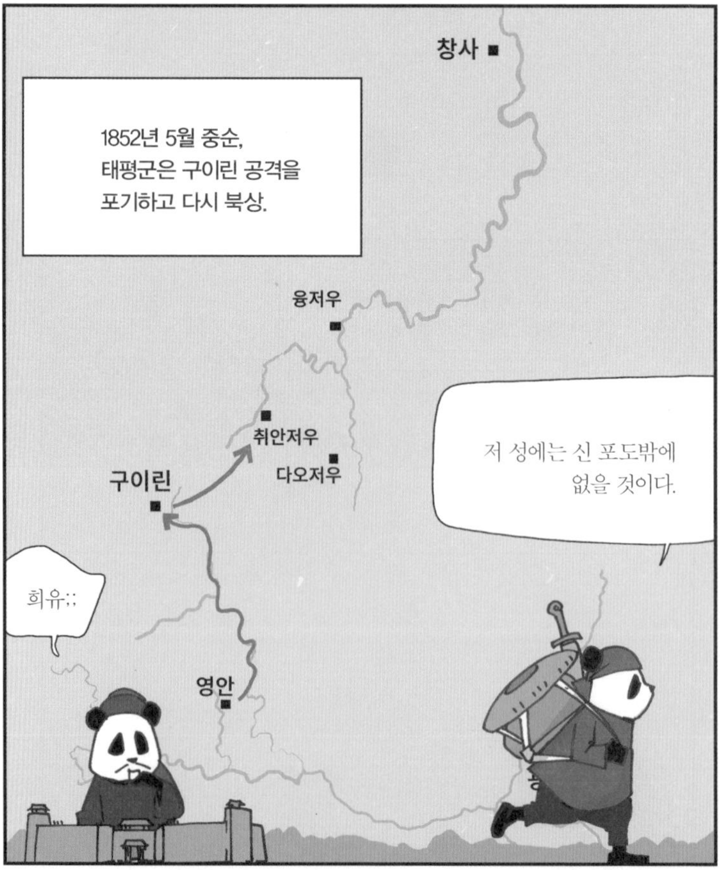
창사
1852년 5월 중순,
태평군은 구이린 공격을
포기하고 다시 북상.
융저우
취안저우
다오저우
구이린
저 성에는 신 포도밖에
없을 것이다.
희유;;
영안

북쪽으로 향한 태평군은
5월 23일에는 싱안 점령.
6월 3일에는 취안저우 점령.
융저우
취안저우
구이린
싱안
다오저우
그때 취안저우에서 총탄이
풍운산을 스쳤죠.
영안
금전촌
탕
끄악!

풍운산에게 상처를 입힌 죄로
취안저우 관민 몰살.
헐;;;

역시 저놈들은 지도부의
안위에 민감하구나.
지도부를 흔드는 것이
요책이 되겠어.
호남성 친구들과
저 미친놈들을 무찌를
계책을 나누러 갑니다.
ㅌㅌㅌ

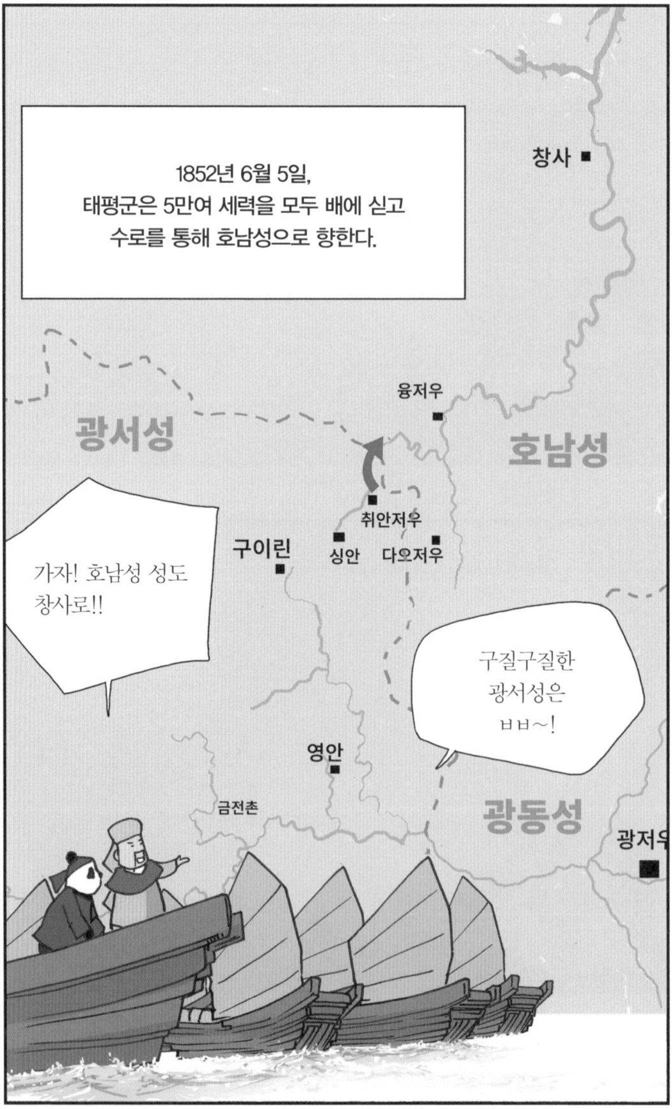
1852년 6월 5일,
태평군은 5만여 세력을 모두 배에 싣고
수로를 통해 호남성으로 향한다.
창사
융저우
광서성
호남성
취안저우
구이린
싱안
다오저우
가자! 호남성 성도
창사로!!
구질구질한
광서성은
ㅂㅂ~!
영안
금전촌
광동성
광저우

그런데 취안저우에서 10리도 못 간 사의도에서–
으얽?
텅
뭐여 이게?!
왜 안 가냐.
통나무들로 물길이 막혔는데?
띠딘
누가 통나무들을 쇠사슬로 엮어 물길을 막아놓았다는 말인 즉슨….

저 노란 옷에 빨간 턱받이가
풍운산이다.
풍향은 3/4! 1m/s!

탕!

?!
퍽

공격 개시!!!
우꽈당땅탕
으끄아아끄아아앍?!?
이것이 미국제
강선 총의 위력이다.

호남성 지역 유지인 강충원이 조직한
단련(민병대) 강가군江家軍이
수로에 덫을 치고 태평군을 덮친 것.

江忠源
썩어 빠진 관군보다는 향토 의용군이 훨씬 믿음직하구먼!
하지만 우리 병력은 1,500명밖에 안 되어 한계가 있지.

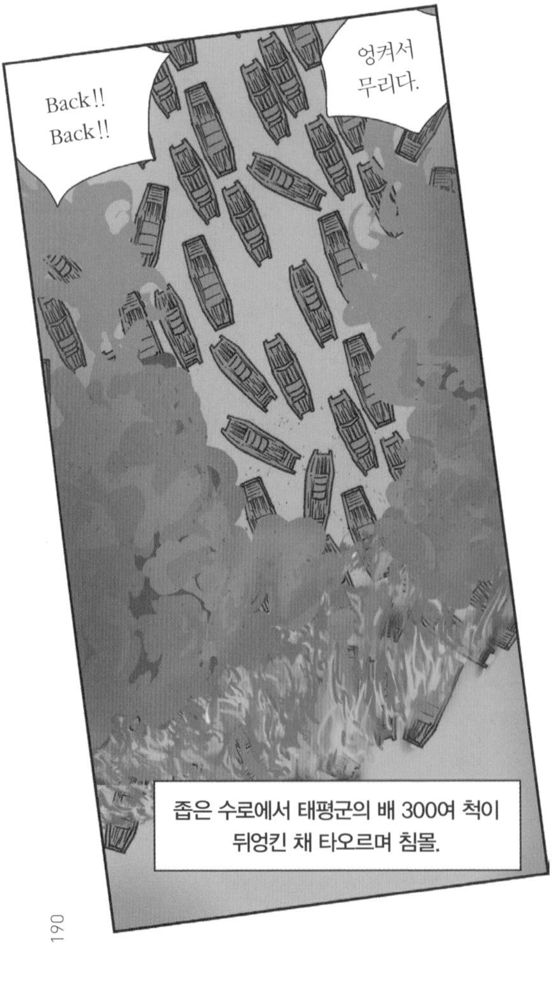
엉켜서 무리다.
Back!! Back!!
좁은 수로에서 태평군의 배 300여 척이 뒤엉킨 채 타오르며 침몰.

풍운산을 비롯, 1만여 명의 태평군이
사의도에서 수장당한다.

운산아!!!!

대참패했음에도 태평군은 전열을 정비하고 육로로 이동.
저놈들 목표는 결국 호남성 성도 창사니까 우리도 수비 도우러 창사로 ㄱㄱ
창사
6월 12일, 태평군은 다오저우를 점령하고 거기서 머물며 다시 세력을 복구, 곧 5만 병력을 갖춘다.
융저우
사의도전투 06. 05.
취안저우
구이린
다오저우
세상을 바꿀 위대한 성전에 함께합시다!!
태평천국
불신지옥
영안
금전촌

어째서 저런 사이비 종교에
사람들이 구름같이 모여드는 걸까;;
그만큼 다들 세상
ㅈ 같다는 거지.
(Hell)

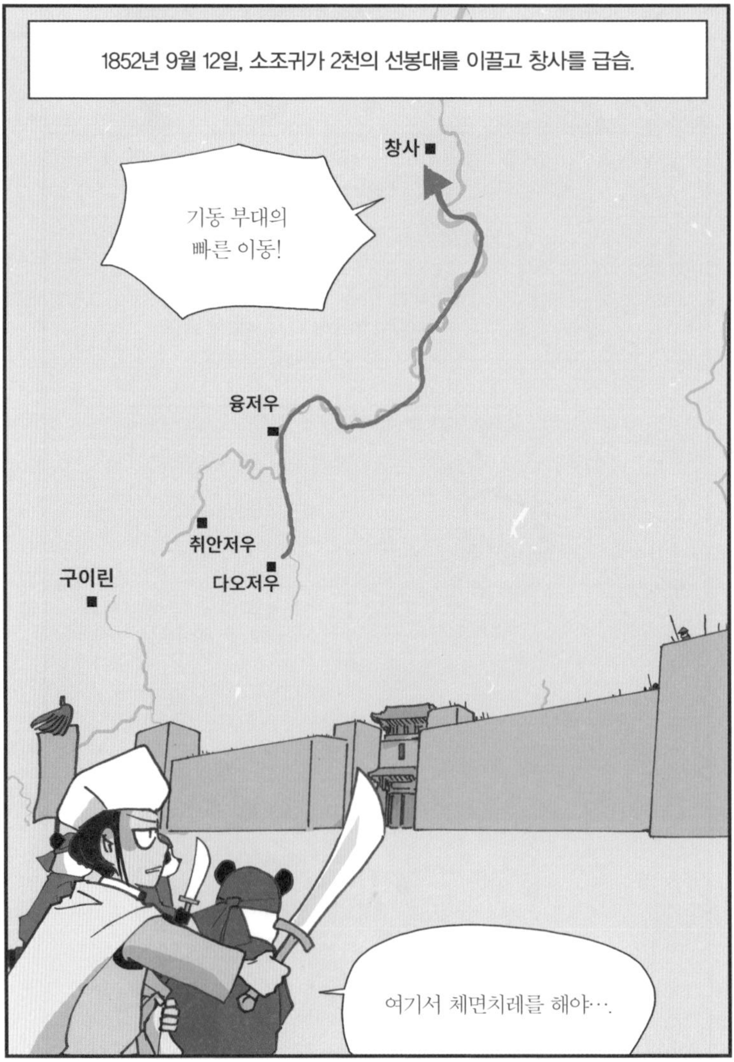
1852년 9월 12일, 소조귀가 2천의 선봉대를 이끌고 창사를 급습.
창사
기동 부대의
빠른 이동!
융저우
취안저우
구이린
다오저우
여기서 체면치레를 해야….

저 허연 빵모자가
소조귀임.
습도 30퍼센트,
기압 23.1ATM.
ㅇㅇ

탕
음?

1852년 9월 17일, 소조귀 전사.
퍽
예수님
아바타가?!

아이고오!!
우리 남편 원수를
어이 갚을까아~
나님이 남편 **뒤를 이어**
복수해야 쓰겄네~!
당장 전군을 몰아
창사로 갑시다!!
예수님 아바타면
죽은 지 사흘만에
부활할 수 있지 않나?

9월 27일부터 한 달에 걸쳐
태평군 전군을 동원해 창사 공격을 이어갔지만,
복수다!!

태평군 5만에 대해
창사의 청군도 증원되어 5만.

병력비가
1대 1인 공성전은 좀
무리인 것 같은데;;

결국 11월 말, 태평군은
창사 공략을 포기하고 이동.

창사에는 신 포도 말고
단 포도 많은데 ㄲㄲ
사실 포도
별로 안 좋아해요.

근데 쟤들
추격 안 해요?
어휴, 저놈들이 호남성
배를 몽땅 쓸어가서
타고 쫓아갈 배가 없어;
배 없이는 대군 물자를
움직일 수가 없지;
호남 전임 순무 낙병장　신임 순무 장량기

이 동네 배들이
어째서 다 태평군에
붙은 걸까;;
뱃사람들도
살기 ㅈ 같으니까.
관귀 놈들 수탈에
말라죽기보단 낫지!
그건 그렇고
관군은 정말 움직이기
싫어하는구나….

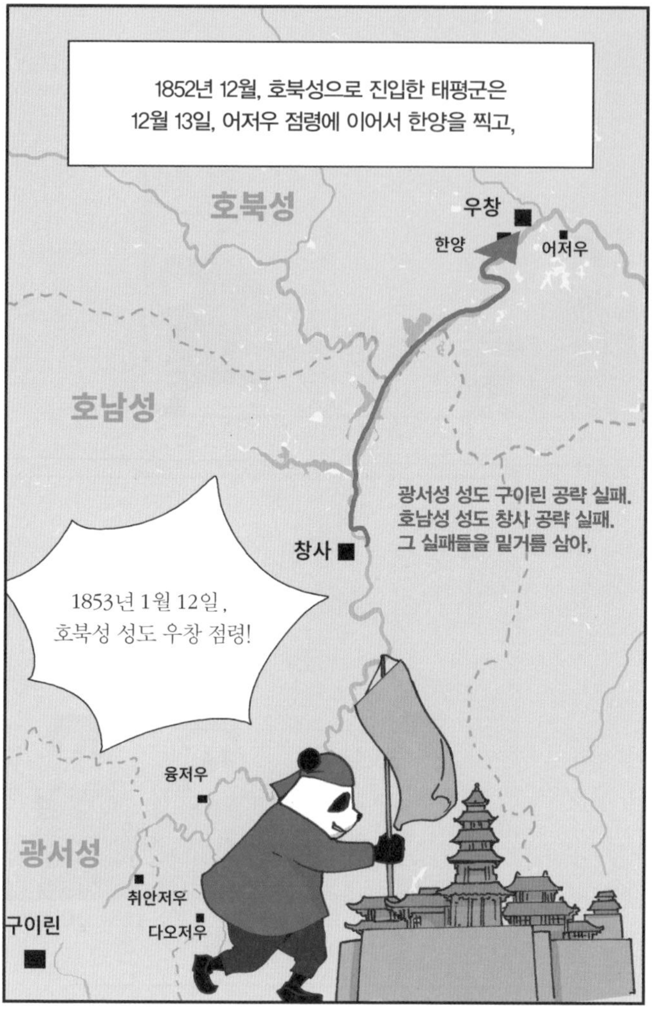
1852년 12월, 호북성으로 진입한 태평군은
12월 13일, 어저우 점령에 이어서 한양을 찍고,
호북성
우창
한양
어저우
호남성
광서성 성도 구이린 공략 실패.
호남성 성도 창사 공략 실패.
그 실패들을 밑거름 삼아,
창사
1853년 1월 12일,
호북성 성도 우창 점령!
융저우
광서성
취안저우
구이린
다오저우

과연 장강 중류 거점 상업도시답게
우창의 금고에는 엄청나게 부가 쌓여 있었고.

미녀도 많아서 지도부
첩 배분을 위한
미녀 선발대회도 열었죠.
8

우창의 부와 미녀들도 좋지만,
여긴 약속의 땅이 아닙니다.
잉?

약속의 땅은 여기서부터
장강을 타고 쭈욱 내려가서 말이죠.
난징
우창
주장
장강의 심장,
한족 부흥의 상징,
천하의 절반을 향해!

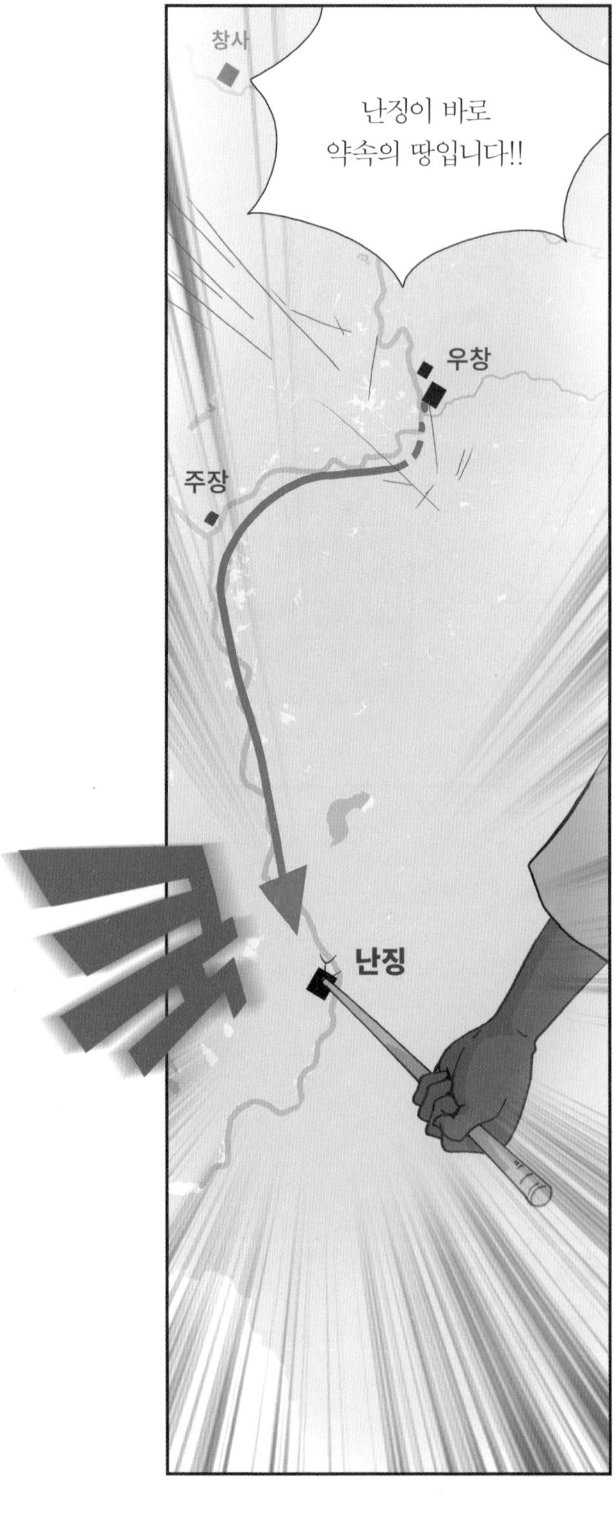
난징이 바로
약속의 땅입니다!!
창사
우창
주장
난징
쿡

1853년 2월 10일, 우창을 뒤로하고
태평천국 전 세력이 수천 척의 함대로
장강을 탄다.
난징
우창
주장
옛날에 조조가
이 물길을 타고
내려갔다지.
그리 내려가서
어찌 되었더라?

세계에서 가장 풍요롭고 인구 많은
강변을 훑고 내려가며 물자와 인력을 쭉쭉 흡수,
태평군 세력은 20만으로 팽창.

저거 따라가면
뭔가 쩔 거 같아!
난징
우창
주장
멸만흥한 천명行
버스 탑승들
하시라요!
장강변에 산재한 청군
수비대로는 저 웨이브를
막아낼 수 없었죠;

한 달에 걸친 항로 끝에,
난징에 도달한 태평군은
열흘 동안 격렬한 공성전을 펼치고.
난징에는 소롱포
맛집이 많지.

샤오롱바오[小籠包]

1853년 3월 20일, 난징 함락.
천하 재물의 절반 Get!
3월 29일, 홍수전 난징 입성.
太平天王
이곳은 약속의 땅! 태평천국의 수도! 그 이름 마땅히 '천경'이라 불릴지니!
天京
난징의 이름을 천경으로 바꾸고 태평천국의 수도로 선포.

호남성
띠링
띠링

난징이 결국
함락당했구먼….
증국번(42세)
曾國藩

조정의
세금 수입 반이
날아갔군요.
좌종당(41세)
左宗棠

뭐, 억지로나마 긍정적인 면을 찾자면 말입니다….

놈들이 황금 창살 감옥에 스스로를 가둔 격이 될 수도 있죠.
이홍장(30세)
李鴻章

1852, 53년 태평천국의 움직임

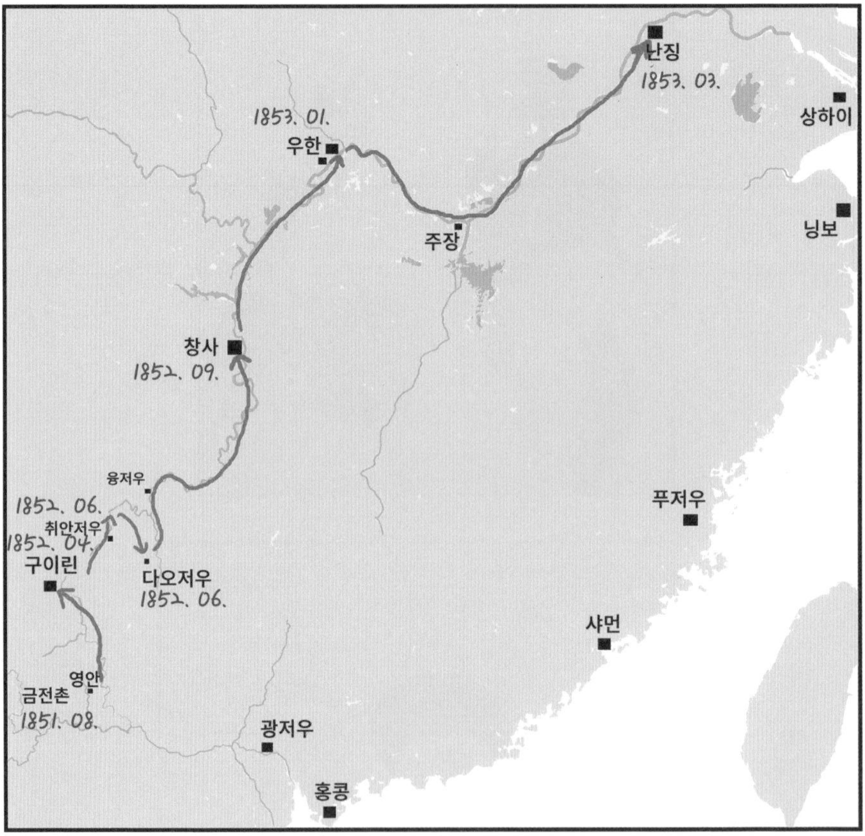

제 9 장

19세기 전반, 중국 설정

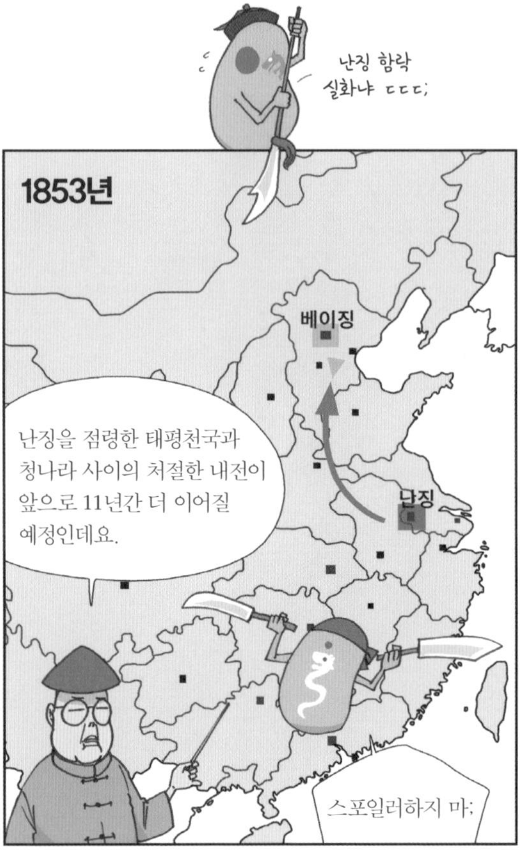
난징 함락
실화냐 ㄷㄷㄷ;
1853년
베이징
난징
난징을 점령한 태평천국과
청나라 사이의 처절한 내전이
앞으로 11년간 더 이어질
예정인데요.
스포일러하지 마;

더 깊이 이해하기 위해,
여기서 1850년대 중국의
이런저런 설정들을 짚어보고 갑시다.
아, 요즘 몸상태
썩었는데;;

大清!
300만 만주족이
4억 한족을
지배하는 제국!
어떻게
가능한
거지?!

유교를 국가 이념으로 삼고 과거제를 통해 한족 선비들을 통치 시스템으로 포섭한 덕분이죠!
한족 메인스트림을 감투로 꼬신 거군요….

제국을 다스리는 관료제 피라미드는
과거시험을 통과한 똑똑한 한족 인재들로
지탱되고 있었던 것.

물론 최상위 고위직은 만주 귀족들 차지였지만.
MAN CHU
HAN

BUT 청 말기, 저 관료 시스템이
썩어 문드러져 지방 행정에 대한
백성들의 불신 팽배.

공무원은 여러분의
'성의'만 본답니다.
元
지현사무소
양심리스 버슬아치가
양아치의 어원인가.

SO 지방 백성들은 공적 시스템보다 지역의
사적 네트워크에 더 의지하고 적극 참여.
이
촌놈들이?
신임 사또가
양아치….
쑥덕쑥덕
SA
TTO

그리고 그 향토 네트워크를 이끄는
지역 유지·명망가가 지역민을 대표해
지방 관아와 교섭도 하고, 협력도 하고.

ㅎㅎ, 사또,
우리 마을 사정 좀
잘 봐주시죠~
(양심껏 작작 좀
쳐드시고)

그런 지역 유지·명망가라는 분들은 바로

관료 직위·경력을 지닌 나리들,
초급 과거시험 이상 패스한
생원 이상 선비님들.
GENTLEMAN
그런 우리가 바로 '신사'!
지방 향토 신사니까 '향신'.

이들 지방 신사층에 의한 지방 행정 협력이야말로
청조 후기 제국을 지탱시킨 실핏줄 혈관망인 것.

官

Anyway
지방의 그런 사적 네트워크들은
다양한 형태로 난립.
종친회 문파 계 지역 청년회 카르텔
스터디 그룹 길드 카페
커뮤 단톡방 FAM
일루미나티 같은
비밀결사 비스므리한 게
되기도 하고,
(하일,
홍방드라~)
누르하치
개객기 해봐.
조폭 비스므리한 게 되기도 하고
화남 지역의 천지회 天地會
하북 지역의 염 捻
지역 민병대 비스므리한 것도 만들어진다.
대륙은 백성들 무장도
대륙스럽군요!
(조폭이랑 구분은 잘 안 가지만)
관군이 워낙 똥막장이 돼놔서
지역민들 스스로
지역을 지켜야 하니까 말이죠.

똥막장된
청나라의 관군
상황을 볼짝시면
청조 중앙군, 만주팔기
병력 21만.
滿洲八旗
만주 팔기
쉽지 않아요.
델리만주
Eight Banners
청나라 개국 때부터 만주인들은 팔기군의 각 부대에 소속.
집안 대대로 대를 이어 복무해왔습니다.
그리 몇 대가 지나면서, 팔기군은 수당이나 받아먹으며
빈둥거리는 만주인 무능력자들의 집합소라는 것이
지난 아편전쟁에서도 잘 드러났죠.
아아, 양놈들
너무나
무서웠던 것.
솔직히 말 키울 만큼
수당 넉넉히
입금해주는 건
아니잖아.
기병대로 유명한 팔기군이지만
이 무렵에는
말을 제대로 키우는
기인들도 별로 없고.
So,
팔기군 병력 대부분이 보병화됨.
그나마 초원의 몽골팔기가
말을 좀 갖추었을 뿐이죠.

청조 지방군, 녹영
병력 40~60만
한족 모병 군대.
綠普

총독이 그 지역군 최고 지휘권자.
대충 성 두 개 정도를
총독이 통치한다.
GUN
POISON
흑룡강
요령
직예총독
직예
내몽골
산서
산동
섬감총독
감숙
섬서
하남
강소
양강총독
안휘
사천
호북
절강
사천총독
호광총독
강서
민절총독
호남
복건
귀주
운귀총독
광동
운남
광서
양광총독

총독 밑으로는
한 개 성의 행정 최고위직인 순무(문관),
지역군 최고 지휘관인 제독(무관)이 있습니다.

제독이면 대충
중장~대장급.
SOON
Moo
총병이 대충
소장급.
부장·참장이 대충
대령~준장급.
유격·도사가 대충
중령~대령급.

물론 녹영도 푹 썩은 마굴이 된 지 오래.
군간부들이 예산 슈킹용 수단으로 약간 모자란
부랑아들을 병영에 모아놓은 집단이라 하겠습니다.

DQN
(Dà Qīng National army
:대청 육군)
군대 오니까
PX에서 아편을 팔아서
참 좋네요.

SO,

관군이 태평군에 맞서 싸우러 출정시,
지역민들에 대한 관군의 약탈·행패가 작렬.

으어앍! 관군이다!
살려주세요!!

관군 때문에 지역민들이 대거 태평천국에 가담,
관군이 태평군의 세를 늘려주는 패턴이 계속된다.

그런 관군으로 전쟁을 치르는 데 한계를 느낀
청조는 신사들이 이끄는 지역 민병대에 주목.

조정 인허가 '단련'
깃발을 드립니다.
정부 지원금
나온댄다.
단련

지역 민병대 단련을 정부가 지원하는
군사조직으로 활용하기로.

나님도 친구 연줄로
증국번의
단련 집단군-상군에
참모로 취직했죠.
치킨을
짱 잘
튀기거든.
SANG
1852년 12월,
증국번, 방판단련직을
맡아 상군조직 시작.

곽숭도

자, 청나라 설정은
대충 이렇고, 태평천국의
설정은 어떻습니까?
아, 태평천국의
설정은
한마디로….

19세기 중국 버전
ISIS
입니다!!

19세기 중국 백성들은 느슨한 유교 패러다임하에
도교+불교+무수한 무속 잡신을 모두 신경 쓰는 경향이 있죠.
언젠가 범신론이
대세가 되지 않을까?

BUT
이제 공맹불 & 기타 잡신들
다 쳐바르는 트루갓 상제님과
그 아들들을 만나셔야 합니다.
와장창
음? 딱히 만나고
싶지 않은데요;;
안 만나시면
님 모가지와 제 칼이
만나야 해요.

LOOK!
청나라를 쳐바른 영국 놈들이
섬기는 상제 하나님 아들이 바로
우리 천왕님이시라고요!
What the;;
GOD
※ 우열의식 자극.

야훼의
중국인 아들이라는 설정이
대단히 힙하지 않습니까?
저 상제님을 모시는
태평천국 형제들은
금욕적 규율을 엄격하게 지키죠!

식사 기도 엄수!
아편·도박 엄금!
사형!
호~

썩은 내로 가득 찬 세상에서 태평천국의
금욕 퍼포먼스는 백성들에게 신선하게 다가왔고.

서양인들의 선교 기법을 벤치마킹한
각종 프로파간다, 찬송, 팸플릿 배포 등의 기법은
19세기 중국인들을 충분히 홀릴 만한 첨단 마케팅.

당신은~
사랑받기 위해
태어난 사람~

각지에 밀파한 바람잡이들이 퍼뜨리는
종말론 루머도 큰 효과를 발휘.
만주 청조가
666 베리칩을 강제로
이식시키고 말세 지옥이
도래합니다.
히익;

그리 포섭되고 세뇌된 신도들은
그 종교적 광신으로, 쓰레기 관군 따위와는
비교를 불허하는 사기와 전투력을
보여주게 된 것입니다.

상제후
아크바르!!!

hmm…
Interesting.
이를 지켜본
일부 지식인들의 경우

농민 반란 & 사이비 종교 반란으로
왕조 교체에 성공했던
역사적 경험을 반추.

몽골족 원나라
갈아엎자!
만주족 청나라
갈아엎자!
白蓮
백련교
天國
명나라 건국行

(과거 시험 낙방한) 루저 지식인들이
태평천국에 가담하기도 합니다.

멸만흥한과 일신의 영달!!
그 운명을
저 사이비 교단에
걸어본다!!
천명행
버스 탑승
간다!!!

그 밖에 태평천국은
남녀평등을 주창. 전족 금지,
여성조직화 등 여성들에게
바람직한 새 세상으로 여겨졌죠.
(그 여성조직은
나님의 권력 기반이
되어줘야….)

이렇듯 여러모로 유리해 보이는 설정들이 있지만, 그 실상을 볼작시면 막장스러운 설정들도 있죠.
아아~ 태평천국~♬
아아~ 우리 천국~♪
아아~ 영원토록~♪

일단 사이비 종교답게 신도들은 재산을 모조리 헌납해야 합니다.
천국 중앙금고 성고
聖庫

사유재산 금지! 모든 물자는 배급제!
그래서 훗날 공산당이 태평천국을 그리 빨아준 거구먼….

닷 냥 이상 금전 소지 적발시 사형!
아, 닷 냥 주웠ㄷ
싹둑

이에 반해
태평천국 지도부는
엄청난 부를 축재하고
만주 황실을 능가하는
사치를 일삼았죠.
God Family인데
삶이 좀 블링블링해야
사람들이 실망 안 하지.

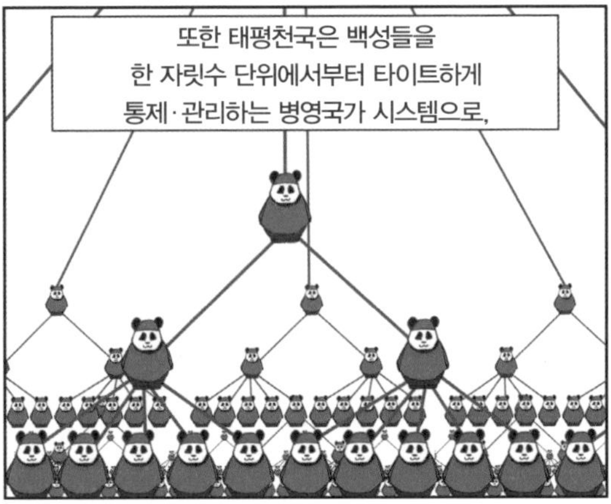
또한 태평천국은 백성들을
한 자릿수 단위에서부터 타이트하게
통제·관리하는 병영국가 시스템으로,

백성들을 군역뿐 아니라 요새·궁궐 건설 등의
노역에 노예처럼 쉼 없이 동원해대니,
백성들의 삶은 청조 치하에서보다 비참한 것.

태평'천국'을 건설하기 위해
지옥같이 고생한다니
흥미로운 역설이군요.
천왕 FAM의
천국 건설이지.
우린 영원히 지옥이야.

아니, 뭐랄까….
난징 점령 이후 고정적인 거점을
확고히 굳히려면
저 정도 건설 노역은
어쩔 수 없는 거야.
아, 예….
예전처럼 계속
옮겨 다닐 수는 없잖아.

메뚜기 떼처럼
말이지.
난징 점령 전까지 태평천국은
점령 후 물자와 인력을
다 쓸어 담고 이내 점령지를 버리고
다른 지역으로 이동하기를 반복했죠.

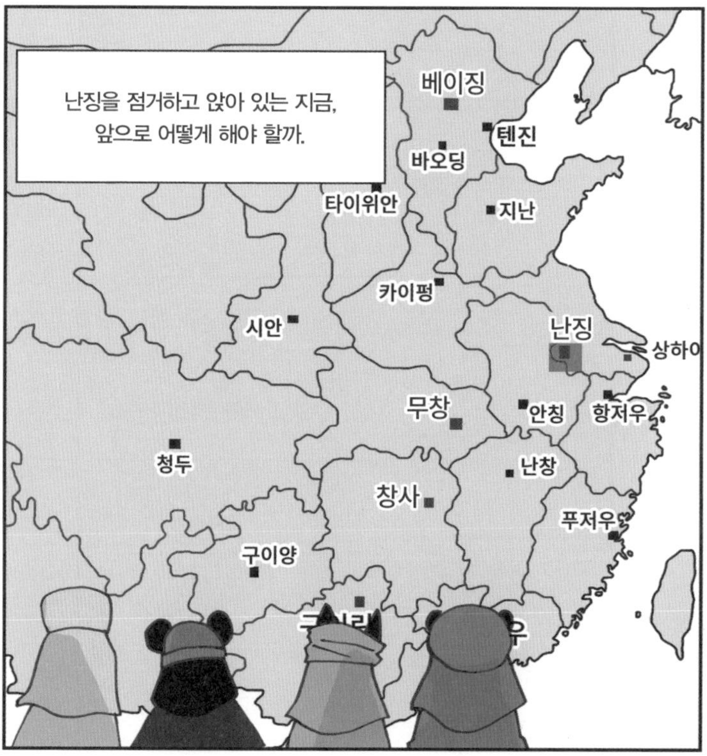
난징을 점거하고 앉아 있는 지금,
앞으로 어떻게 해야 할까.
베이징
톈진
바오딩
타이위안
지난
카이펑
시안
난징
상하이
무창
안칭
항저우
청두
난창
창사
푸저우
구이양

베이징을 향해 바로 몰아쳐서
청 멸망을 도모해볼 것인가.
북진멸청!!
베이징
텐진
타이위안
지난
카이펑
시안
난징
무창
안칭
항저우
청두
난창
창사
푸저우
구이양
구이린

버리고 떠나온 장강 유역을 다시 확보해
세력을 늘려 앞으로의
긴 싸움을 대비할 것인가.
운영
싸움이다!
베이징
텐진
지난
시안
난징
무창
안칭
항저우
청두
난창
창사
푸저우
구이양
구이린
광저우

서정 or 북벌!

西征 北伐

1853년 5월, 태평천국, 서정·북벌 동시 추진.

베이징 공친왕 부
전하~!!!

난징을 점령한 역도들이
베이징을 향해
북진하고 있답니다!;;;
퉁
퉁
공친왕
혁흔

청조 역사상
최강의 반란군이
밀려오고 있다라….

우리 형님 폐하께서는 만몽의 대칸답게
팔기를 거느리고 친정하실 것인가,
화를 피해 열하로 북수하실 것인가.

어느 쪽이든!!!
팡

공친…왕!
Prince-Ball Hitter!
ㅋ… ㅋㅋ…
ㅋㅋㅋ
팡팡팡

굽씨의 오만잡상

태평천국이 행한 제도와 정책은 여러모로 특이한 것들이 많습니다. 사유재산 제도를 금지하고 토지를 비롯한 모든 재화를 공동소유, 공동분배한다든가, 남성과 여성을 철저히 분리한 인력 통제라든가, 그런 성별 분리 정책 폐지 이후에는 혼인 허가증을 직급에 따라 차등 배분하고 무작위로 짝을 지어준다든가 등등. 천조전무제도라는 타이틀로 시행된 태평천국의 사회제도 구상은 세계사 교과서에도 실려 있을 만큼 그 실험성과 파격성으로 주목을 받아왔습니다. 물론 중국사 5천 년에 걸쳐 많은 봉기 세력이 공산주의적인 이상 사회상을 제시해온 바가 있기에, 그러한 전통의 맥락에서 태평천국의 사회제도를 이해할 수도 있겠죠.

그런데 태평천국의 지배영역 전체에 걸쳐 모든 백성을 저 제도의 틀 안에 꽉 쥐고 있었다고는 볼 수 없는 것이 말입니다. 태평천국의 행정망이 그렇게까지 촘촘하고 치밀하게 짜인 효율적인 물건이 아니었고, 정책 일관성을 계속 견지해나갈 만큼 통일된 관료집단이 단단하게 뭉쳐 있었다고 보기도 어렵기 때문입니다. 이 때문에 태평천국의 여러 특이한 제도들은 전 기간, 전 영역에 걸쳐 지속적으로 추진되어온 것들이라기보다는 몇몇 지역에서 단발적으로 띄엄띄엄 시행되었던 것들로 여겨지기도 합니다.

기실 향촌의 전통적인 지주·토호·유지 들이 부와 향촌 통제력을 그대로 쥔 채로 태평천국에 협력하는 형태가 많았다고 합니다. 향촌의 지배층과 피지배층은 의외로 상당한 결속력으로 묶여 있는 운명 공동체적 성격을 띠는 경우가 많았고, 이런 난리를 맞이해 이들 향촌 공동체가 잠시 태평천국의 편에 세금을 보내는 걸로 안위를 도모함은 충분히 있음직한 일이죠.

뭐, 결국 이 태평천국이라는 현상에는 참으로 여러 양상이 섞여 있지 않았겠습니까. 정말 종교적 열정에 휩싸여 이 쓰나미를 주도한 신병들도 있었을 것이고, 그 사회개혁적인 이념을 실현하기를 진심으로 바란 서민도 있었을 것이고, 난생 처음으로 남성과 동등한 사람대접을 받은 여군 병사도 있었을 것이고, 한족 부흥을 꿈꾸며 홍수전이 제2의 주원장이 되길 소망한 민족주의자도 있었을 것이고, 우리 마을의 안위를 위해 이 괴상한 장발적 무리에게 협력한 마을 유지들도 있었을 것이고, 단지 청군의 학살을 피해 태평천국을 택할 수밖에 없었던 난민들도 있었겠죠.

& 그 모든 것의 결착이 몇천만의 죽음, 후세의 냉소라는 건···

그 먹먹함은—
딴 얘기합시다.

제 10 장

베이징을 향해 북벌

난징 점령 이후 한 달 반.
1853년 5월! 태평군 북벌 개시!
베이징
톈진
바오딩
정해
다롄
웨이하이
칭다오
핑양
지닝
친양
뤄양
정저우
카이펑
쉬저우
보저우
벙주
난징

난징 함락과
태평군의 북진 소식에
베이징은 발칵 뒤집히고.

장발적(태평군)이
베이징으로 몰려온다!!
삼번의 난 이래
최악의 위기!!
적 병력
7만!!
그때 황제는
강희제였는데
금상은···.
전술 병력을 베이징으로
불러들여서
지켜야 합니다!!

ㄴㄴ!! 황상께서는 당황 마시옵소서!
적 북벌군이 7만이라는 건 적의 여론공작 가짜 뉴스!! 실제로는 2만 정도고,
함풍제의 총신
숙순
(37세, 먼 친척)

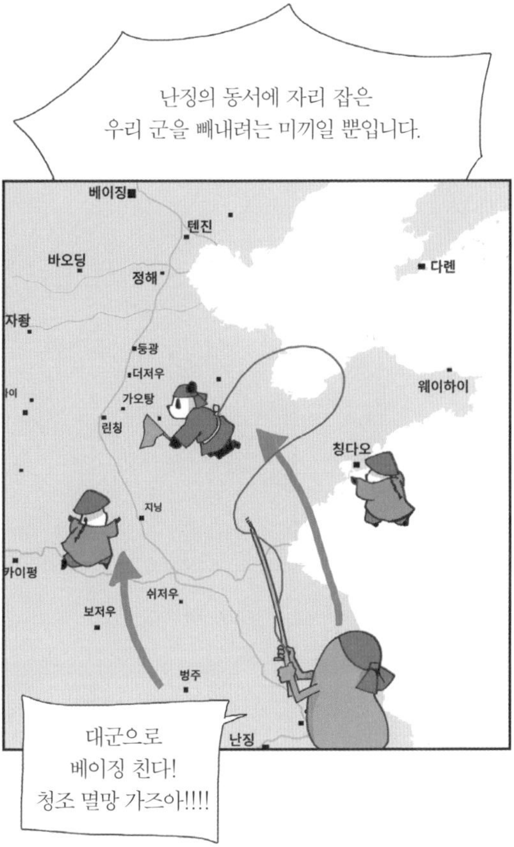
난징의 동서에 자리 잡은 우리 군을 빼내려는 미끼일 뿐입니다.
베이징
톈진
다롄
바오딩
정해
둥광
더저우
가오탕
린칭
웨이하이
칭다오
지닝
카이펑
쉬저우
보저우
범주
난징
대군으로 베이징 친다! 청조 멸망 가즈아!!!!

그렇게 북벌군에 우리 군의 관심과 역량을 집중시킨 다음,

느긋하게 서쪽의 장강 유역과
동쪽의 강소·절강을 취하려는
얄팍한 수작이죠.
빈집털이
좋아요오홍홍
베이징
산서
산동
청해
감숙
섬서
하남
강소
난징
안휘
호북
사천
절강
강서
호남
귀주
복건
운남
광서
광동
헑;; 그러면 남쪽을
지키기 위해 병력을
내려보내야 하나?
아니, 그럴
여력은 없습니다.
남쪽은 지역 신사-향신 들의
단련들이 감당케
하면 됩니다.
Militia

음;; 솔직히 향신들이 그런 자원봉사에 적극 나서주리라 기대할 수 있을까?
말씀하신 대로 향신들이 황제 폐하를 위해 자신들의 물적·인적 자원을 다 털어 나서주리라고 기대하기는 힘듭니다.
만주족 황제가 뭐 이쁘다고…. 충신 열사 흉내를 낼까보냐.
자원
하지만 향신 자신들의 물적·인적 자원의 기반을 지키기 위해서라면 나설 수밖에 없겠죠.
공자가 죽어야 나라가 산다!
사유재산 금지!! 대토지 몰수!
헉;;
자산

거기에 벼슬과 지방 권력 인정이라는
당근을 제시한다면 향신들은 기꺼이
자원을 다 털어 난 진압에 앞장설 것입니다.
아이고, 충신이라면 당연히 역적 토벌에 앞장서얍죠!!

황건적의 난을 삼국지의
군웅들이 일어나 진압했듯이,

백성을 위해!
내가 백성인데;;

장발적의 난은
향신들에 의해 진압될 것입니다.

군웅할거 버스 탑승해봅니다!

이를 위해 이제껏 만주 권귀들이 80퍼센트 이상 독점해온 지방 고위직들, 총독·순무·제독 등의 벼슬을 한족 신사들에게 팍팍 나눠줍시다!!
뭐?! 야! 안 돼, 그건!!
만주족의 천하 지배를 무너뜨릴 셈이냐?!

야, 이 양심 학살자 놈들아!!! 무능한 만주 권귀 네놈들이 지방 고위직들 꿰차고 앉아서 나라 꼬라지가 이 개판 난 거잖아!!!
FACT STORM!
하지만 한족 신사들에게 그리 힘을 실어줘도 괜찮을까?
저 4억 한족이 지방 권력과 무력을 갖춘다면 어찌 만주족의 천하가 위태로움을 면하겠는가.
ㅎㅎ 니ㅎㅇ~
인구비가 150대 1이라고;;
만주족과 한족을 구분 지은 이 만청의 지배 시스템이 그런 위태로움을 불러오는 것인 바….

앞으로는
만주 청조가 아니라,
滿洲族

만주족·한족 구분 없는
중화 청조의
천자가 되셔야 합니다!
中華

그것만이 애신각라씨의 천명을 우주시대까지 영속시켜 나갈 길입니다!
삼국지에서 한 황실이 어떻게 되었더라….

So, 화북의 병력으로 태평천국 북벌군에 대한 대응군 편성.
5~7만이면 충분하겠지?
흠차대신
토벌 사령관
승보
(만주 귀족)
서릉아

이를 뚫고 베이징으로 가기 위해 올라오는 북벌군 병력은 2~3만.
이 병력으로 베이징을 치라니 이 무슨 수어사이드 미션;;
겨자씨만한 믿음이 있으면 태산이 움직인다죠….
이개방
(장족 출신)
북벌군 사령관
임봉상

성전을 치르다 전사하면
천국행
퍼스트 클래스입니다~

양수청의 명에 의해
1853년 5월 8일, 북벌군 출격.

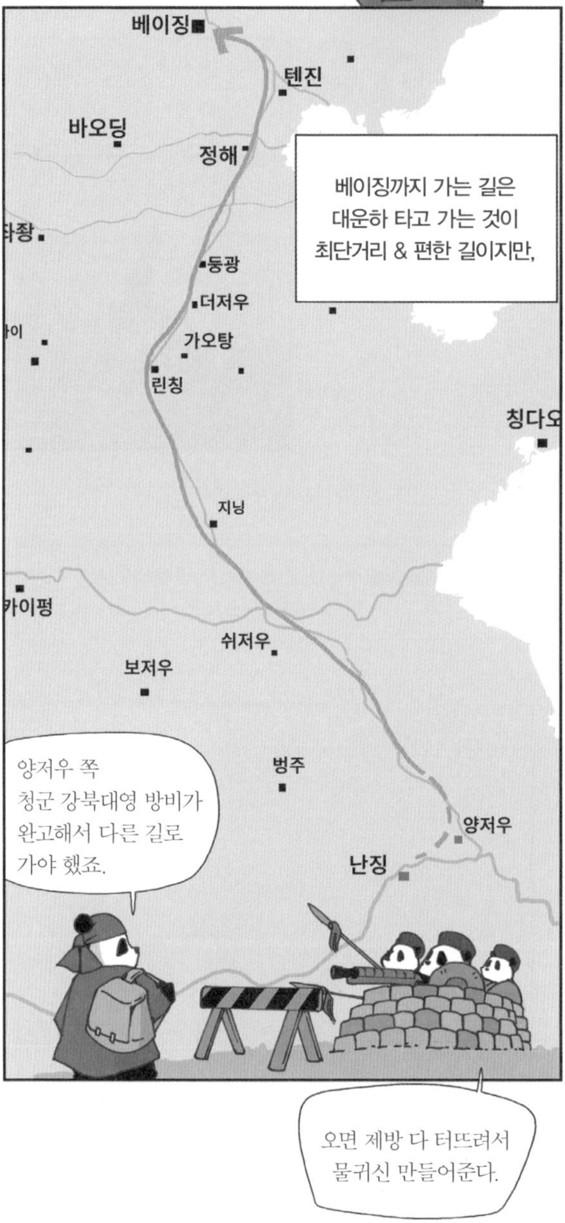
베이징
텐진
바오딩
정해
둥광
더저우
가오탕
린칭
지닝
쉬저우
보저우
벙주
양저우
난징
베이징까지 가는 길은
대운하 타고 가는 것이
최단거리 & 편한 길이지만,
양저우 쪽
청군 강북대영 방비가
완고해서 다른 길로
가야 했죠.
오면 제방 다 터뜨려서
물귀신 만들어준다.

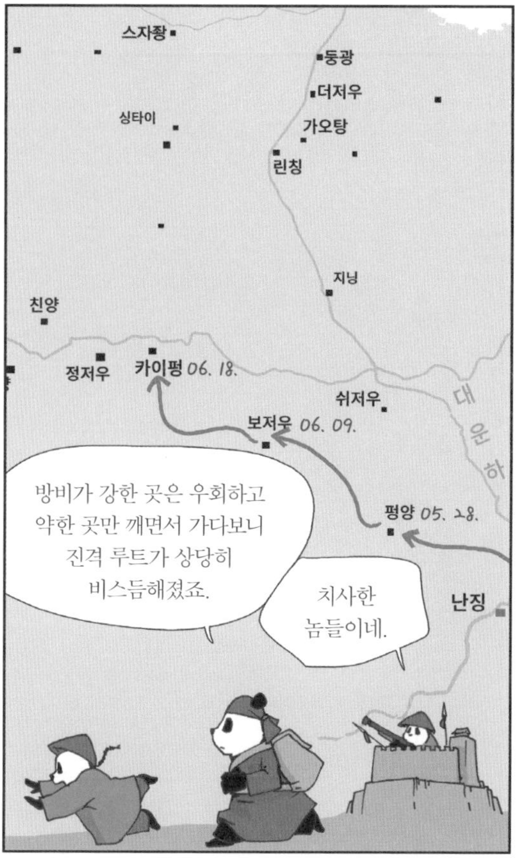
스자좡
둥광
더저우
싱타이
가오탕
린칭
지닝
친양
정저우
카이펑 06. 18.
쉬저우
대운하
보저우 06. 09.
평양 05. 28.
난징
방비가 강한 곳은 우회하고 약한 곳만 깨면서 가다보니 진격 루트가 상당히 비스듬해졌죠.
치사한 놈들이네.

싱타이
가오탕
6월 18일, 카이펑(옛 송나라 수도 개봉) 점령.
지닝
친양
뤄양
정저우
카이펑
쉬저우
보저우
벙주
사이비 종교는 개작두行인데!

이제 여기서
황하를 건너야 하는데,
린칭
지닝
친양
정저우
카이펑
황 하
쉬저우
보저우
청군이
배를 싹 다 치워버려서
건널 수가 없네;

이에 북벌군은
강변 여기저기로 흩어져
온갖 잡동사니 나무
쪼가리들을 동원,
두 주에 걸쳐 각개 도하.
이때 쳤으면
다 잡는 건데;
황화화화황화!

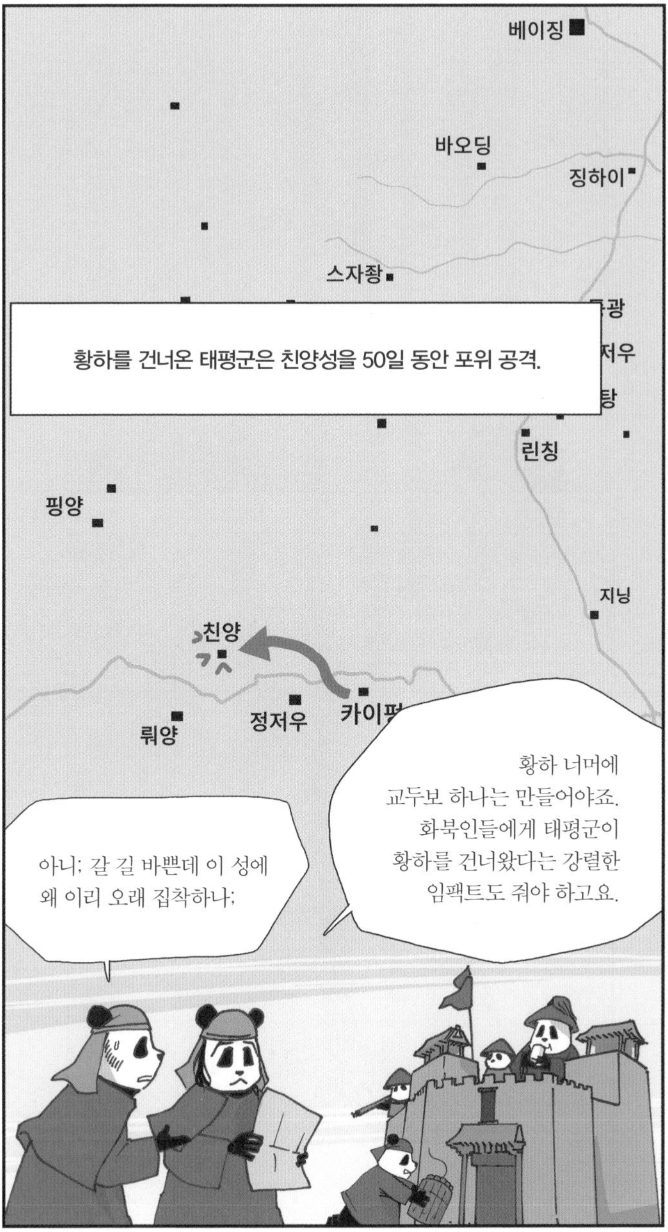

베이징
바오딩
징하이
스자좡
린칭
핑양
지닝
친양
정저우
뤄양
황하를 건너온 태평군은 친양성을 50일 동안 포위 공격.
아니; 갈 길 바쁜데 이 성에 왜 이리 오래 집착하나;
황하 너머에 교두보 하나는 만들어야죠. 화북인들에게 태평군이 황하를 건너왔다는 강렬한 임팩트도 줘야 하고요.

하지만 결국 친양 점령에 실패.
9월 1일, 북벌군은 서북 쪽으로 이동.
스자좡
가오탕
린칭
핑양
친양
뤄양
정저우
카이펑
보저우
로스타임 어디서 벌충하나;

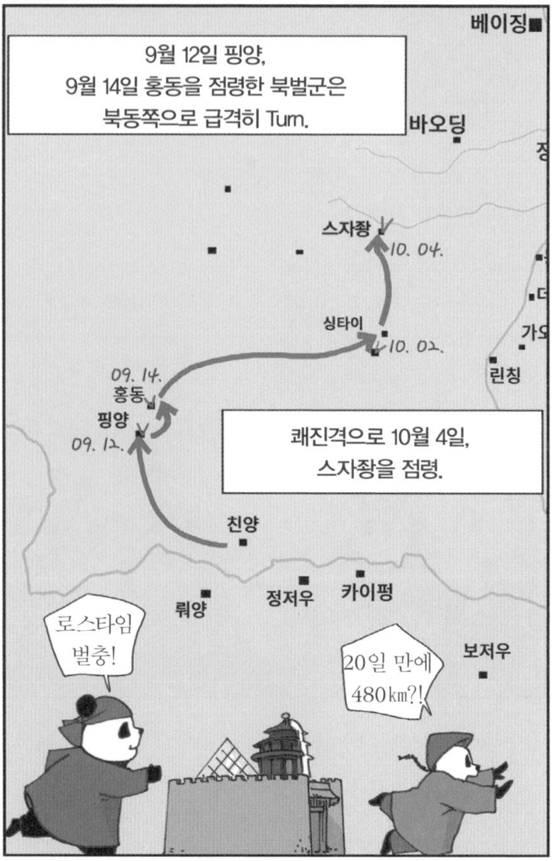
베이징
9월 12일 핑양,
9월 14일 홍동을 점령한 북벌군은
북동쪽으로 급격히 Turn.
바오딩
스자좡
10. 04.
싱타이
10. 02.
린칭
09. 14.
홍동
핑양
09. 12.
쾌진격으로 10월 4일,
스자좡을 점령.
친양
뤄양
정저우
카이펑
보저우
로스타임 벌충!
20일 만에 480km?!

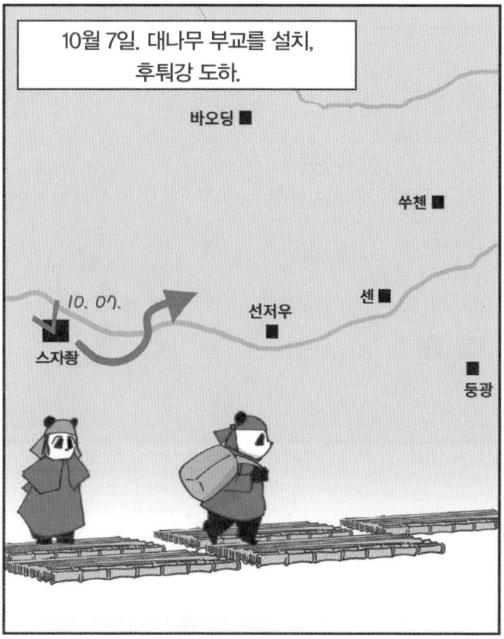
10월 7일. 대나무 부교를 설치,
후퉈강 도하.
바오딩
쑤첸
10. 07.
선저우
센
스자좡
둥광

베이징
청군은 후퉈강변을 따라 벌어진
일련의 교전에서 패하고,
톈진
양류청
독류
바오딩
정해
쑤첸
10. 23.
창저우
센
선저우
스자좡
10. 11.~19.
저놈들
분명히 바오딩 찍고
베이징으로
직행하겠지?
바오딩 방면의 수비를 강화.

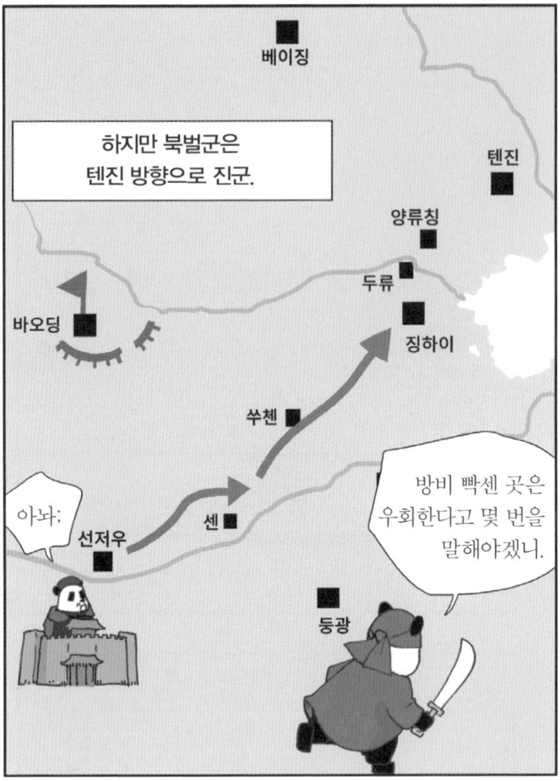

베이징
하지만 북벌군은
텐진 방향으로 진군.
텐진
양류칭
두류
바오딩
징하이
쑤첸
방비 빡센 곳은
우회한다고 몇 번을
말해야겠니.
아놔;
선저우
센
둥광

베이징
BUT!
베이징에 접근할수록 놈들의
우회기동 폭도 좁아질
수밖에 없지.
텐진
양류칭
두류
징하이
쑤첸
창저우
센
선저우
텐진으로 들어오는 이상
더는 우회할 수 없는 외길이다.

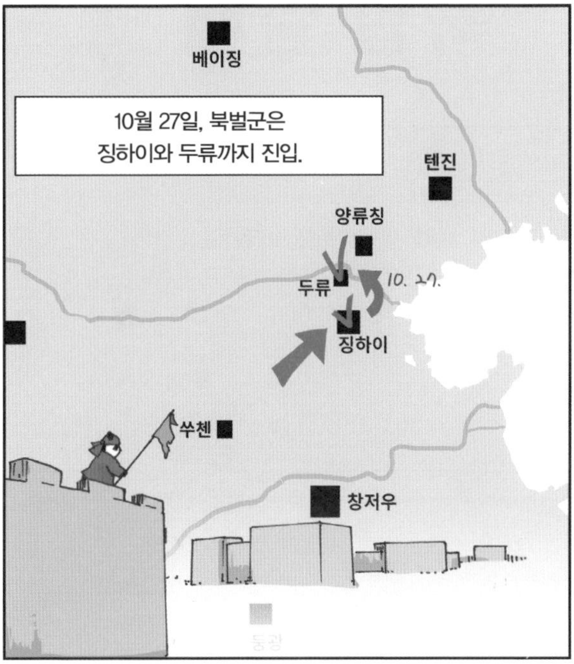
베이징
10월 27일, 북벌군은
징하이와 두류까지 진입.
텐진
양류칭
두류
10. 27.
징하이
쑤첸
창저우
둥광

11월 7일, 북벌군, 양류칭을 지나 텐진 시내로 진입 시도.
베이징까지 100㎞!
BUT! 돌파 실패.
결국 여기가 태평군이 도달한
최북단 지점.

즉— **북벌 실패**

그래도
분투했다;

베이징
텐진 돌파에 실패한 북벌군은 징하이에서 농성.
청군에 포위당한 채 겨울을 난다.
텐진
양류칭
두류
징하이
쑤첸
선저
둥광
북쪽 놈들,
이런 추운 땅에서
어떻게
사는 거냐;;
달랑 면티 한 장 입고 온
니들이 미친놈들이지.

그 포위 기간에 청군의 공격 시도는
모두 삘짓으로 끝났고,
특히 12월 23일 전투에서는 태평군의 덫에 걸려 대패.

I'm Dreaming Of
A Fight Christmas~♬
아기 예수님의
사랑과 자비가
폭력적이네!!
꾸당탕탕
끄아악!!

청군 지휘 계통의
혼선도 가중된다.

나님이!
칭기즈 칸 후손!
보르지긴씨인데!
내 명령이!
우선이지!
몽골 귀족
승격림심
늬예, 늬예,
금나라 후손 밑에서
일하는 보르지긴씨 보면
저승에서 칭기즈 칸이
물개박수 치겠네요.

※ 몽골팔기 지휘.

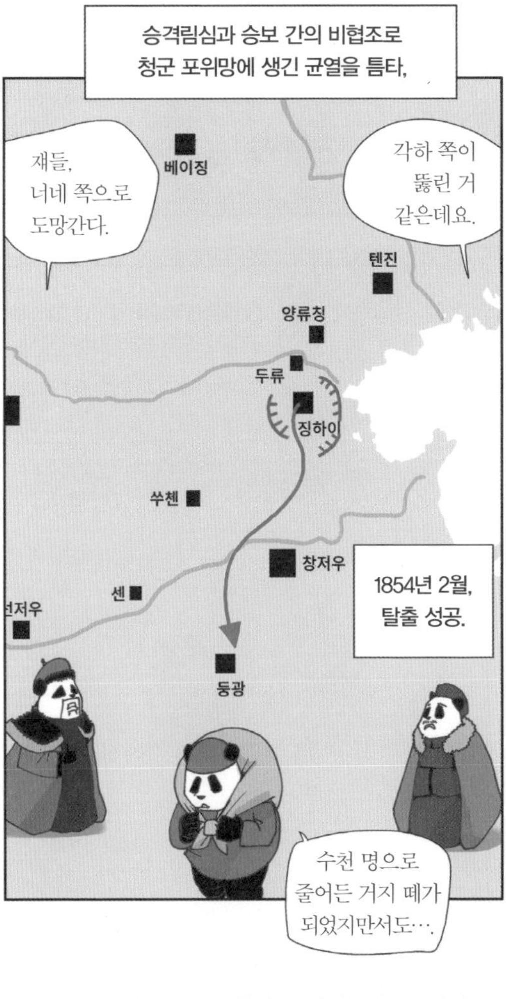
승격림심과 승보 간의 비협조로
청군 포위망에 생긴 균열을 틈타,
재들,
너네 쪽으로
도망간다.
베이징
각하 쪽이
뚫린 거
같은데요.
텐진
양류칭
두류
징하이
쑤첸
창저우
센
둥광
1854년 2월,
탈출 성공.
수천 명으로
줄어든 거지 떼가
되었지만서도….

텐진
양류칭
두류
징하이
하지만 얼마 도망가지 못하고
둥광현에서 다시 포위당함.
창저우
센
선저우
둥광
아니, 이 거지 떼를
군이 잡아야겠니?!

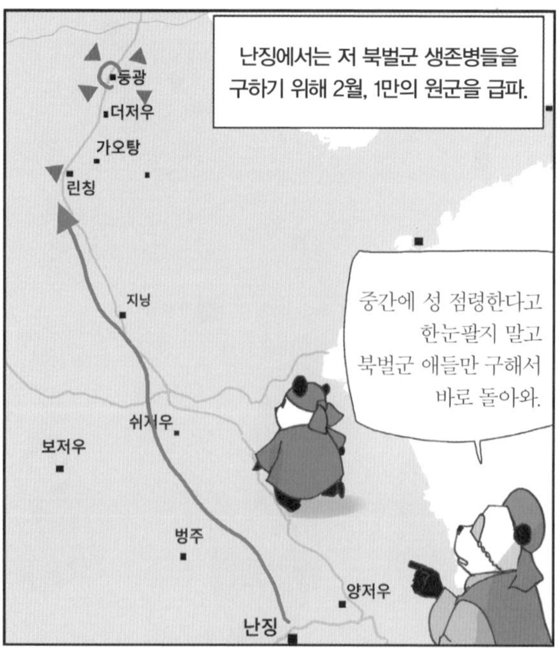
난징에서는 저 북벌군 생존병들을
구하기 위해 2월, 1만의 원군을 급파.
둥광
더저우
가오탕
린칭
지닝
쉬저우
보저우
벙주
양저우
난징
중간에 성 점령한다고
한눈팔지 말고
북벌군 애들만 구해서
바로 돌아와.

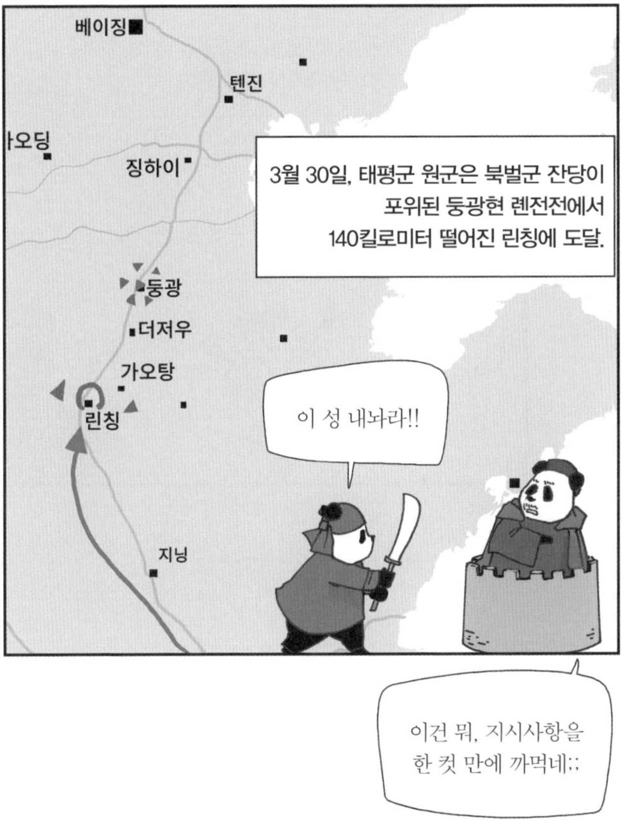
베이징
텐진
징하이
3월 30일, 태평군 원군은 북벌군 잔당이 포위된 둥광현 롄전전에서 140킬로미터 떨어진 린칭에 도달.
둥광
더저우
가오탕
린칭
지닝
이 성 내놔라!!
이건 뭐, 지시사항을 한 컷 만에 까먹네;;

두 주간의 공방전 끝에 승보는
린칭성을 태평군에게 내준다.

이딴 청군에게 북벌군이 궤멸당했다니, 언빌리버블!

그리고 린친성의 태평군은
그대로 다시 청군에게 포위당함.

It's a Trap!!
이런 빠가사리들이 원군이라는 게 언빌리버블이다!

결국 원군은 포위망 돌파 과정에서 궤멸당하고
소수만이 난징으로 귀환.
원군을 구하기 위한 원군은
안 보내주시남요?!
으엌 ㅅ#@$#;;;

원군의 희망도 잃은 채,
둥광현 롄전전의 북벌군 잔당 수천은
몇만 청군의 포위 속에서 1855년 3월까지 1년 넘게 농성.
겨자씨만한
믿음 때문에
포기를 못 하겠네….
독종들이여;;

그러다 결국 1855년 3월,
청군의 토벌로 북벌군 잔당 소멸.
자결에 실패한 임봉상은 사로잡혀
처형당한다.

이개방도 6월에 사로잡혀 베이징으로 압송, 능지처참.
그래도 결국 베이징에 들어오긴 들어왔네….
약간 두껍게 벗기는 박피 시술이라고 생각하면 마음 편하실 거예요.

난징의 사이코패스틱한 태평천국 수뇌들도 북벌군 소멸에 대해 뭔가 느끼는 바가 있었을까요?
天京

으어어; 북벌군 소멸;; 어째서인가?! 믿음이 부족해서인가?!
뭐 애초에 2만 병력으로 베이징을 친다는 건 말이 안 되는 거였고요….
그 밖에 몇몇 반성할 거리들이 있죠.

화북은 사람도 말도 풍습도
다른 곳인지라, 화남·화중에서와 같이
백성들을 태평천국에 가담시켜
세력을 불릴 수 없었습니다.
태평천국! 불신지옥! 멸만흥한! 청조타도!
Pardon?

음식도 물도 다르고.
쌀밥에 XO 장 없나요?
꽃빵에 작장면이나 드시죠.

무엇보다도 텐진에서 난생 처음
눈이라는 걸 접한 북벌군 장병들에게
화북의 추위는 너무나 잔인했던 것.
아아, 이건 눈이라는 거고, 널 얼려 죽일 거야.
ㄷㄷㄷㄷㄷㄷ

그나마 하북의 염조직이
지원해준 덕분에 북벌군이 싸움을
이어나갈 수 있었던 것.
적의 적은
우리 편이죠.
저 기분 나쁜 마피아
염 놈들이랑 동맹이라니….
아무튼 이 북벌을 통해 얻은 교훈은,
태평천국 종래의 빨치산식
메뚜기 떼 전략으로는
이 전쟁에서 승리할 수 없다는 것이죠.
전선·점령·보급
다 필요 없고!
핵심 센터만 까면 이긴다!
와다다다다다다
미친놈은
전략도 미쳤네.
목표를 향해 강하게 날아가는
화살은 언뜻 치명적으로 보이지만,
목표를 맞추지 못하면 결국
힘이 다해 땅에 떨어질 뿐입니다.
툭

이제는 군을 화살로 날리는 전쟁이 아니라,
군이라는 창날과 연결된 창자루를 부여잡고
찌르고 거두고 휘두르며 공간을 늘려나가는
전쟁을 해야 합니다.

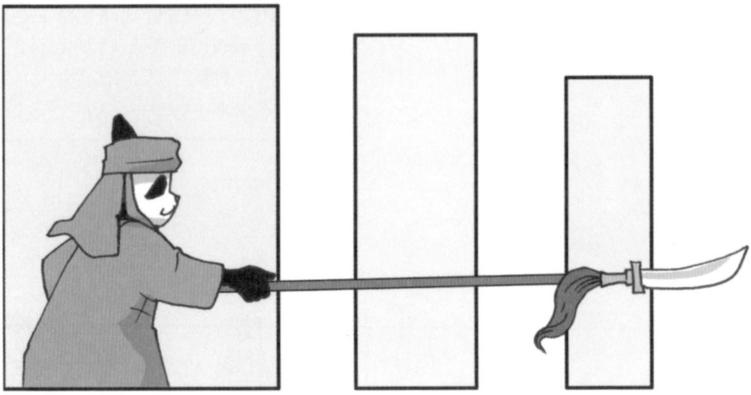

적과 전선을 형성하고,
그 전선의 군에 보급 라인을 잇고,
전선을 밀어내며 면을 늘리는 전쟁.

그렇게 조금씩 우리 영토를 늘리는
전통적인 전쟁을 하는 겁니다.

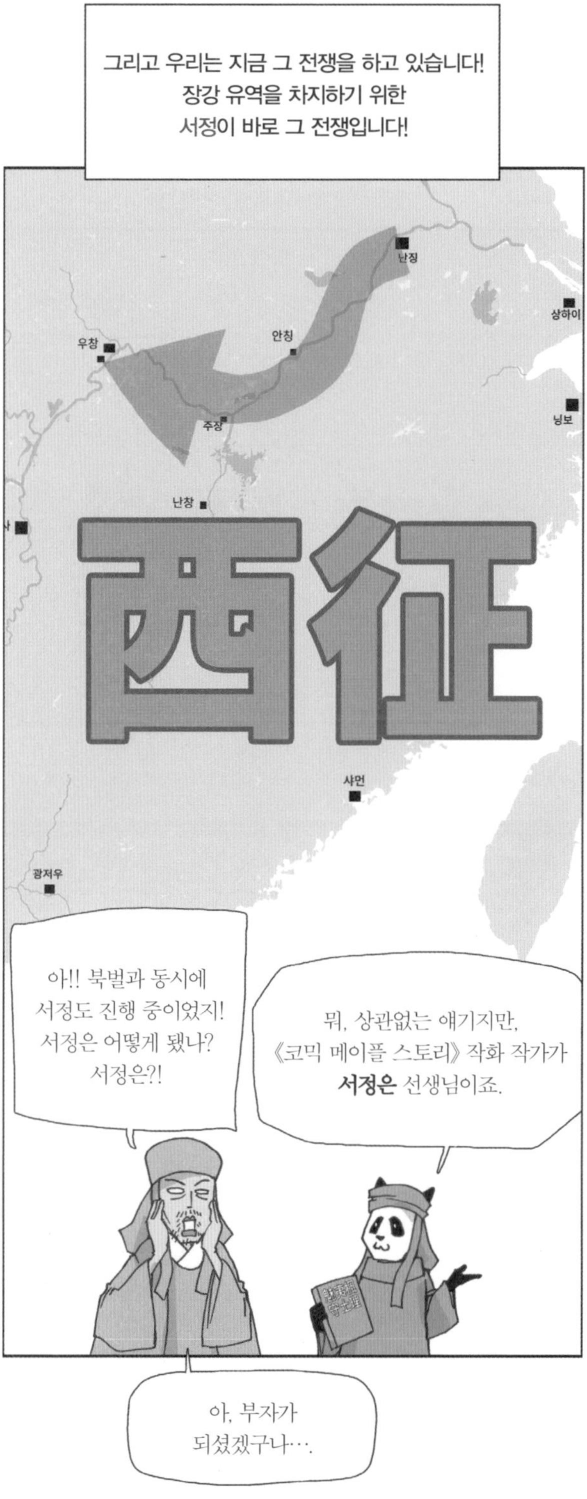
그리고 우리는 지금 그 전쟁을 하고 있습니다!
장강 유역을 차지하기 위한
서정이 바로 그 전쟁입니다!
난징
상하이
안칭
우창
주장
닝보
난창
西征
샤먼
광저우
아!! 북벌과 동시에 서정도 진행 중이었지! 서정은 어떻게 됐나? 서정은?!
뭐, 상관없는 얘기지만, 《코믹 메이플 스토리》 작화 작가가 **서정은** 선생님이죠.
아, 부자가 되셨겠구나….

1853년 태평천국 북벌군의 진로

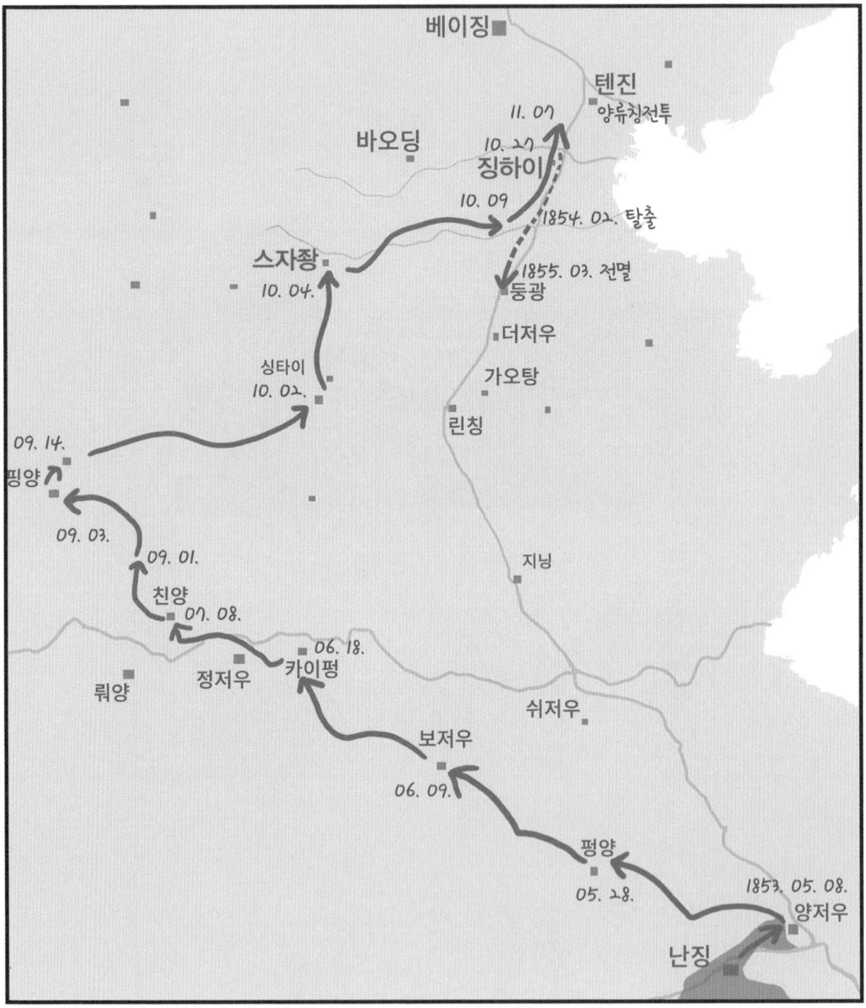

제 11 장

우한을 향해 서정

1853년 3월, 태평천국이 난징에 입성했을 때,

난징성에서 걸어서 30분 거리인 샤오링웨이(효릉위) 요새에
흠차대신 향영이 1만여 관군을 이끌고 입성.

향영은 1851년 초, 태평천국 봉기 초기에
금전촌을 토벌하러 왔던 제독 가운데 한 명으로,

금전촌에서부터 2년 동안 계속 태평천국을 뒤쫓아
난징까지 따라온 근성의 스토커.

태평천국이 난징을 점령하고
수도로 삼자마자 향영은
난징성 위성 요새인 샤오링웨이로
들어가 군사기지 '강남대영' 출범.

헉?! 너
언제 거기
들어감?!
너님이
난징 들어간다고
난리 칠 때
살짝 들어왔져.

강남대영을 걷어내려던 태평천국의 초기 노력은
강력한 요새선에 막혀 실패.

좀 꺼져라!!
거 이웃사촌끼리
말이 심하시네.
빵야
빵

곧이어 양저우에는 흠차대신 기선이 내려와
'강북대영' 건설.

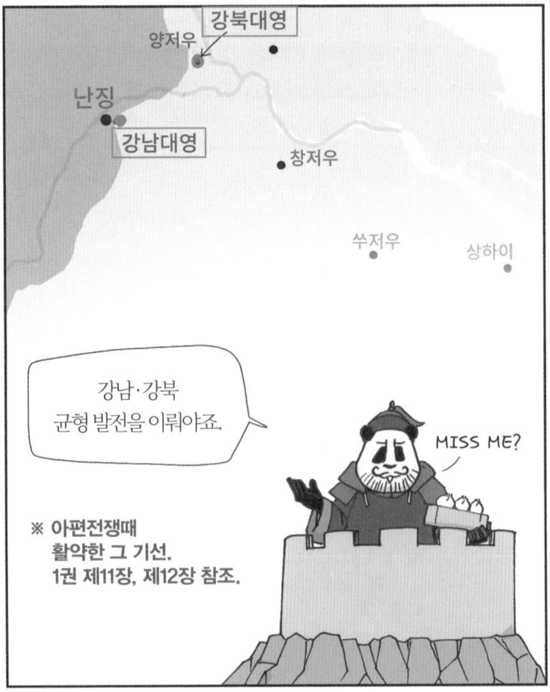
강북대영
양저우
난징
강남대영
창저우
쑤저우
상하이
강남·강북
균형 발전을 이뤄야죠.
MISS ME?
※ 아편전쟁때
활약한 그 기선.
1권 제11장, 제12장 참조.

이렇게 태평천국의 심장부 지척에 박힌
두 기지에 대해, 함풍제는 빨리 난징을 치라고
계속 닦달했지만–

아니, 걸어서 30분 거리의 역도들을 안 치고 뭐함?! Move! Move!!
향영은 공격 명령을 일단 다 씹는다.
아, 제가 살짝 까막눈이라 뭐라 써 있는지 잘 모르겠네요.
명령서
From 함풍제

아이고, 지금 난징 공격했다가는 다 죽습니다요! 병력이 적의 열 배라도 난징성 공략이 어려울 것인데, 오히려 적의 병력이 우리의 열 배!!
ㅇㅇ. 충분한 병력과 함선, 서양 대포 등등을 갖출 때까지는 이 요새선에서 진지 공사만 빡세게 하자구.

태평천국 또한 나대강과 이수성에게
난징 주변 정리를 진행시켰으나,

저거 강남대영 쳐야 되지 않나?
뭐, 어차피 쟤네 기어나올 일도 없고 천천히 해도 되겠죠.
前 수적 두목
나대강
승상
이수성

강남대영에 대한 전면적인 토멸은 아직 추진되지 못함.

당분간 난징과 강남대영은 그냥 서로 없는 것처럼
모른 척 생까고 시선 관리하며 지내게 된 것.
Oh! 어떡하죠♪
나 그대를 잊고 살아요~♬
나를 잊어줘♬
잊고 살아가줘~♪

So,
1853년 5월에 시작된 북벌·서정은 난징의 머리맡에
청군 요새가 박혀 있는 채로 진행된 것.
톈진
바오딩
타이위안
지난
베이징을
향해!!
카이펑
난징
상하이
우창
안칭
항저우
난창
창사
푸저우
원, 애들 멀리
보내는 모양이네요.
호남을 향해!!
광저우

지난 장의 북벌 진행과 동시에,

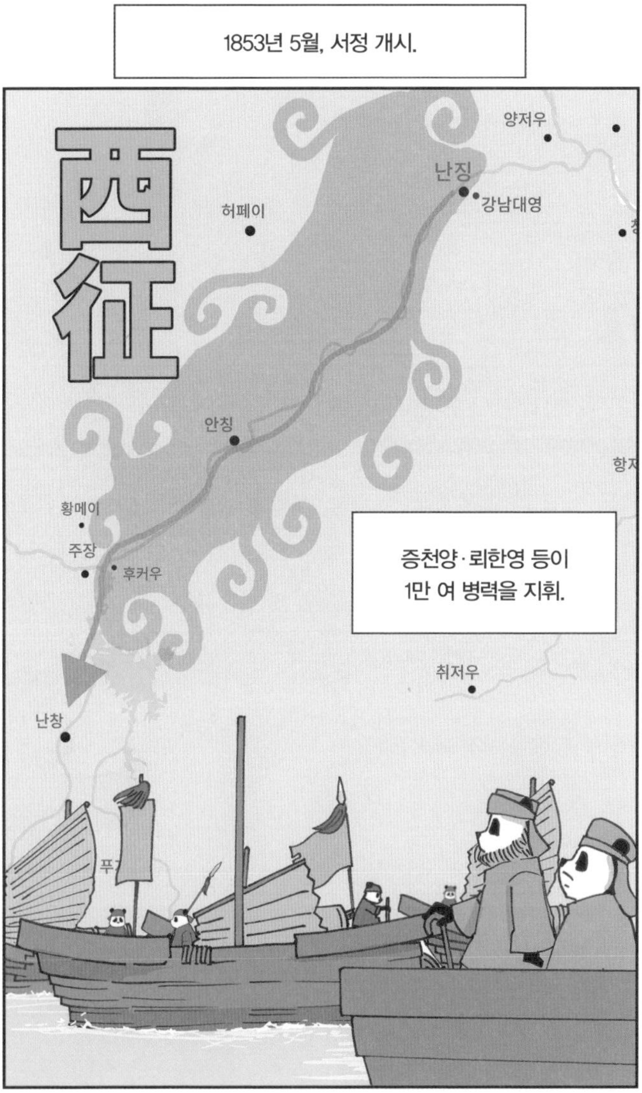
1853년 5월, 서정 개시.
西征
양저우
난징
강남대영
허페이
안칭
황메이
주장
후커우
증천양·뢰한영 등이
1만 여 병력을 지휘.
취저우
난창

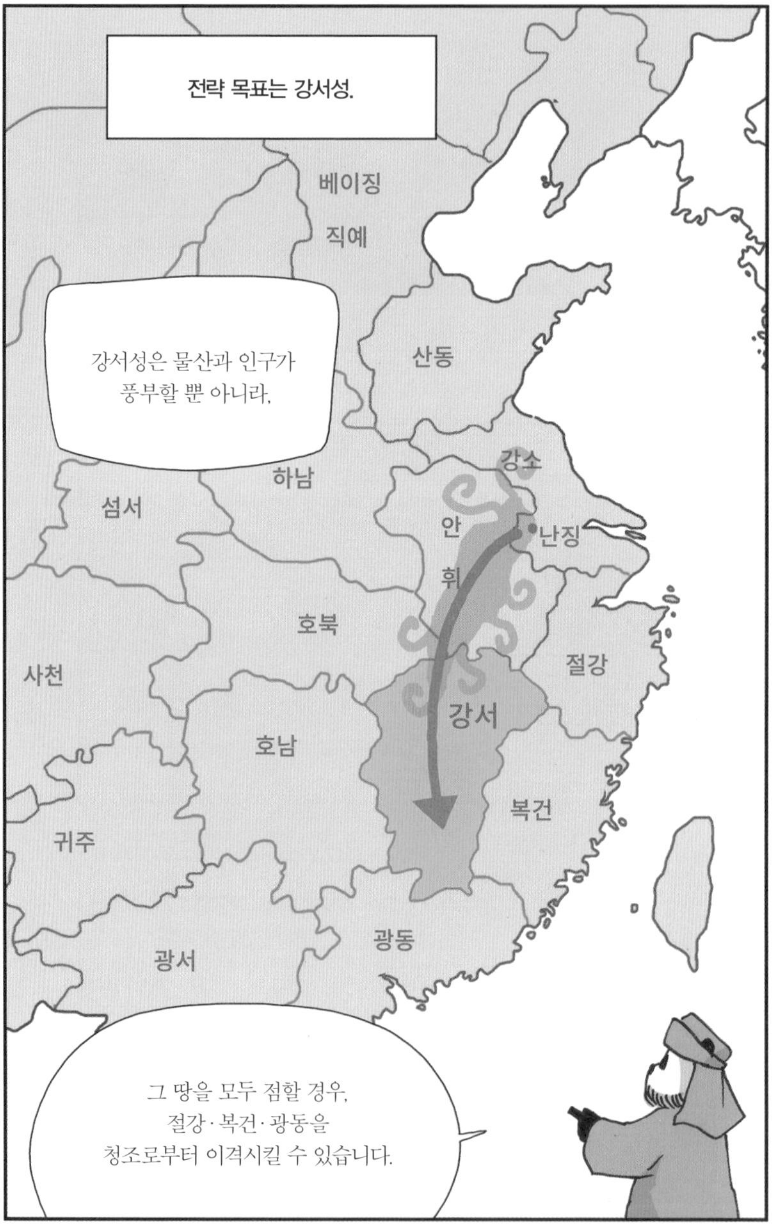

중국 남부 전체를 차지하기 위한 제1포석이 되는 거죠.

양저우
난징
허페이
서정군은 장강변을
순조롭게 점거해가며
안칭
6월 말, 강서성 성도
난창에 도착.
황메이
주장
후커우
취저우
난창
그런데 말입니다,
난창성을 지키고 있는
지휘관이 그 강충…
푸저우
탕
으헉??!
퍽
ㅇㅇ. 태평천국의 서왕과 남왕을
천국으로 보내버린 두 전투를 이끈
강충원이 난창성을 지키고 있다.
강가군 지휘관
강충원
※ 제8장 참조.
나님이
장발적 킬러지!

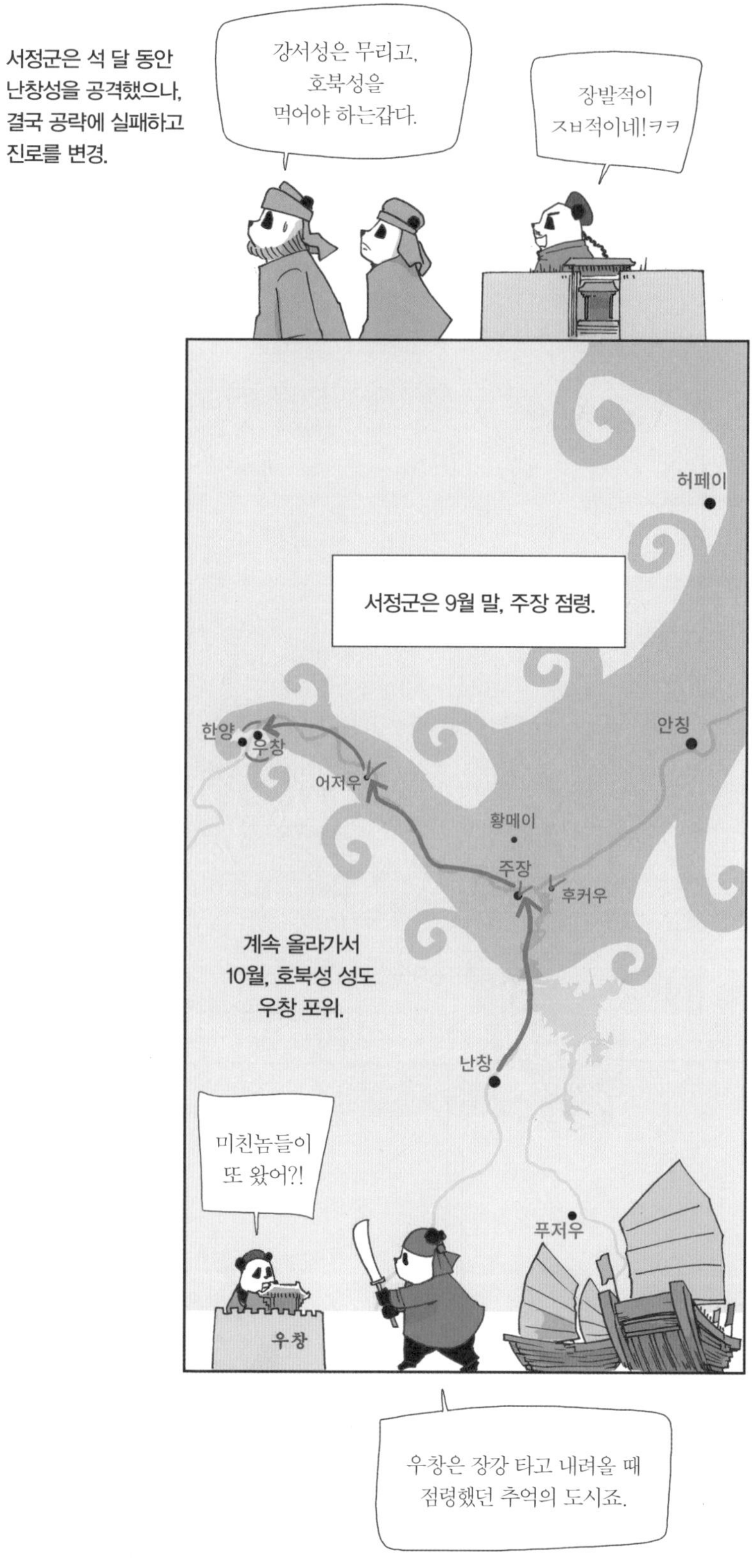
서정군은 석 달 동안
난창성을 공격했으나,
결국 공략에 실패하고
진로를 변경.
강서성은 무리고, 호북성을 먹어야 하는갑다.
장발적이 ㅈㅂ적이네! ㅋㅋ
서정군은 9월 말, 주장 점령.
허페이
안칭
한양
우창
어저우
황메이
주장
후커우
계속 올라가서
10월, 호북성 성도
우창 포위.
난창
미친놈들이 또 왔어?!
푸저우
우창
우창은 장강 타고 내려올 때
점령했던 추억의 도시죠.

MEANWHILE

조정은 강충원의 공을 치하하며
안휘성 순무의 벼슬을 내린다.

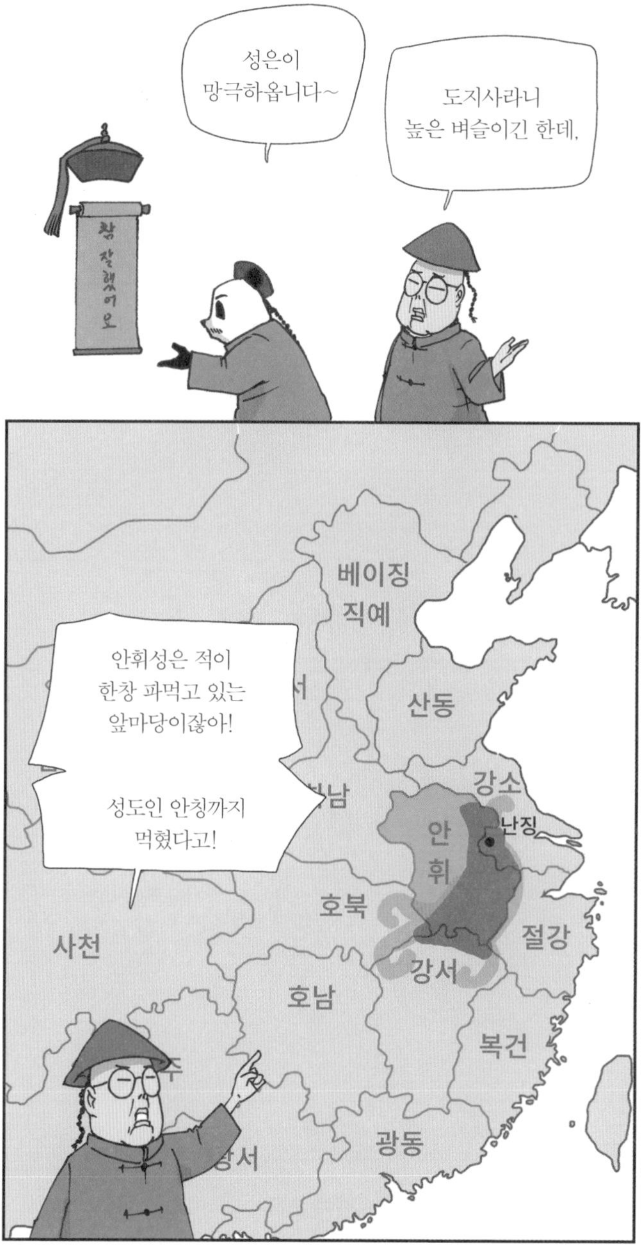

참 잘했어요
성은이 망극하옵니다~
도지사라니 높은 벼슬이긴 한데,
안휘성은 적이 한창 파먹고 있는 앞마당이잖아!
성도인 안칭까지 먹혔다고!
베이징
직예
산동
강소
난징
안휘
호북
절강
사천
강서
호남
복건
광동

장발적 천적
영웅 유닛을 이렇게
허비하다니….
하! 장발적 광신도 따위가
두려워서 임지에 가지
못할 것 같은가. 흥!
양저우
난징
허페이
안칭
황메이
주장
후커우
취저우
난창
11월, 강충원,
안휘성 허페이行.
(삼국지의 그 합비성)
병력 3천.
곧바로 태평군 주력부대 수만이 허페이 포위 공격.

결국 두 달 후인 1854년 1월 14일,
허페이 함락.

서왕·남왕 선배님들!
악독한 원수 선비 놈을
드디어 처단했습니다!
강충원 자결
하! 호남에는 나보다
더 독한 선비들
1조 990억 명 있다고!!?!

그렇습니다!
호남 단련의 첫 영웅이
발할라로 떠났으니, 이제 나님이
그 뜻을 이어받아 역도들을
고문하고 죽이겠습니다.
증국번은 호남에서
호남 단련- 상군을 계속 증강.
3만여 병력과 수백 척의 함선을 갖춘다.
증국번
동생 증국전

1854년 2월, 호북성 우창을 포위하고 있던 서정군에서
주력 부대가 갈라져 호남성 창사 방면으로 남하.
한양
우창
황저우
어저우
전가진
웨양
샹인
징강
창사
샹탄
난창
국번아!!!
도와다오!!!
증국번은 창사 방면에서
유리한 싸움을 하기 위해
스승인 호광총독 오문용을
지원하지 않고
전사하도록 내버려둔다.
아이고 선생님~!
선생님 복수는 제가 꼭
해드리겠습니다!! ㅠㅠ
아, 그리고 호림익은
저한테 보내주세요.

※ 호림익: 태평천국 전쟁 기간에 명성을 떨친 상군 장수.

1854년 2, 3월의
창사 전구(전투구역)에서
상군과 서정군은
일진일퇴의 싸움을 거듭.

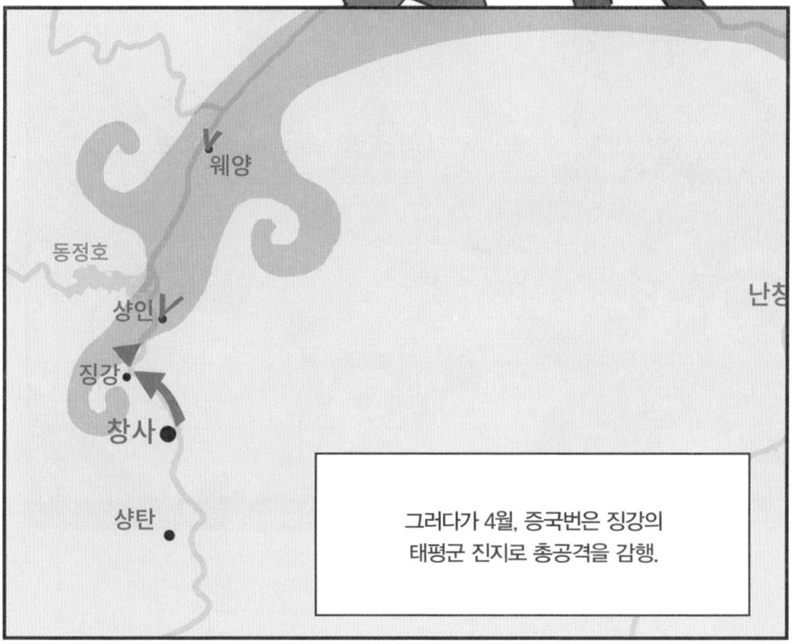
웨양
동정호
샹인
징강
창사
샹탄
그러다가 4월, 증국번은 징강의
태평군 진지로 총공격을 감행.

열심히 쌓아온 물량을
폭발시킬 때가 됐지!

태평천국의 덫에 걸려 대패한다.
흐아; 으아;;ㅁ;;
진짜로 물량
다 폭발해버렸네;

절망한 증국번은
강물에 뛰어들어 자살 시도.

조정과 고향 사람들
낯을 대할 면목이 없다!
첨벙

BUT

샹탄으로 밀고 들어온
적 함대가
전멸했다는데요.
으의?!?!

증국번의 함대를 물리친 후,
상군 기지 격파를 노리며
샹탄까지 들어온 태평군을
한양
우창
어저우
웨양
창더
동정호
샹인
징강
창사
샹탄
만주족 상군 장수
탑제포가 역습.
만주 놈이 어떻게
남쪽 뱃싸움을
아는겨?!
웰쉽
덕분이지!

이후 도주 과정을 포함,
1만에 가까운 피해를 내며 창사 방면 서정군은
사실상 전멸. 지휘관 증천양도 전사.

같은 증씨끼리
서로 좀 봐줄 걸….

창사 방면군이 전멸당하는 동안
우창 방면 서정군은 우창성을 함락시키지 못한 채
계속 근처를 어슬렁거릴 뿐이었는데,

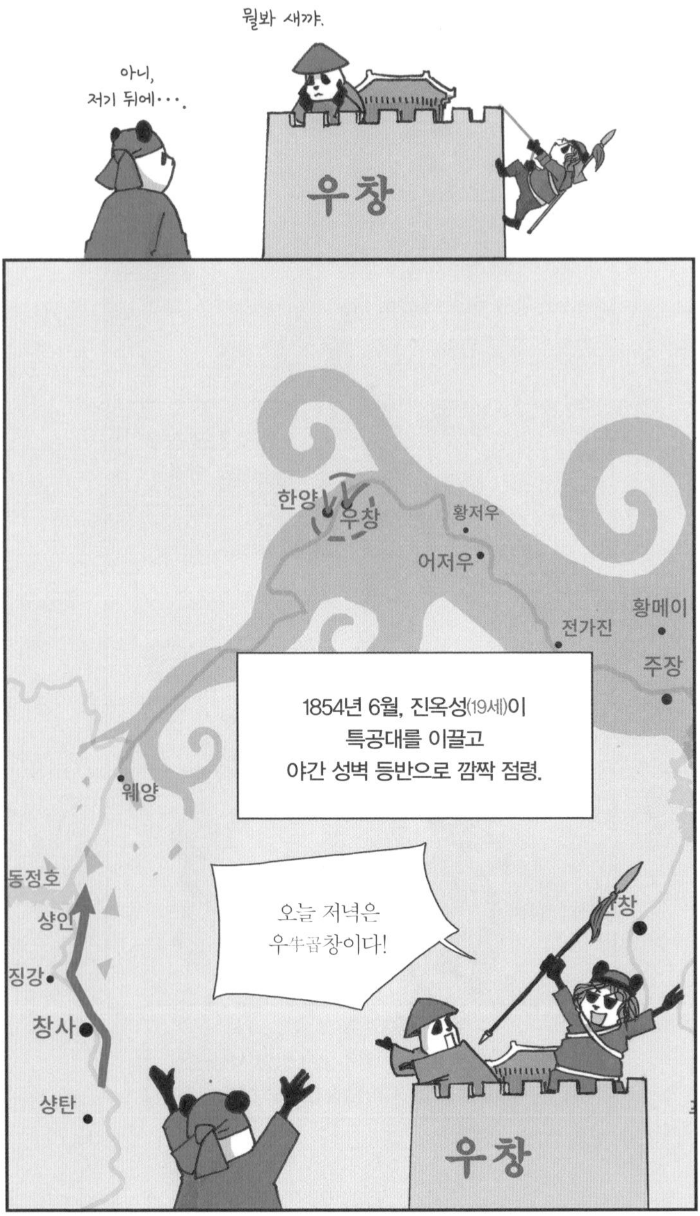

월봐 새꺄.
아니,
저기 뒤에···.
우창
한양
우창
황저우
어저우
황메이
전가진
주장
1854년 6월, 진옥성(19세)이
특공대를 이끌고
야간 성벽 등반으로 깜짝 점령.
웨양
동정호
샹인
징강
창사
샹탄
오늘 저녁은
우牛곱창이다!
반창
우창

BUT

1854년 10월, 창사 전역에서 승리한 상군이 우창으로 진격.
서정군은 우창을 버리고 철수한다.

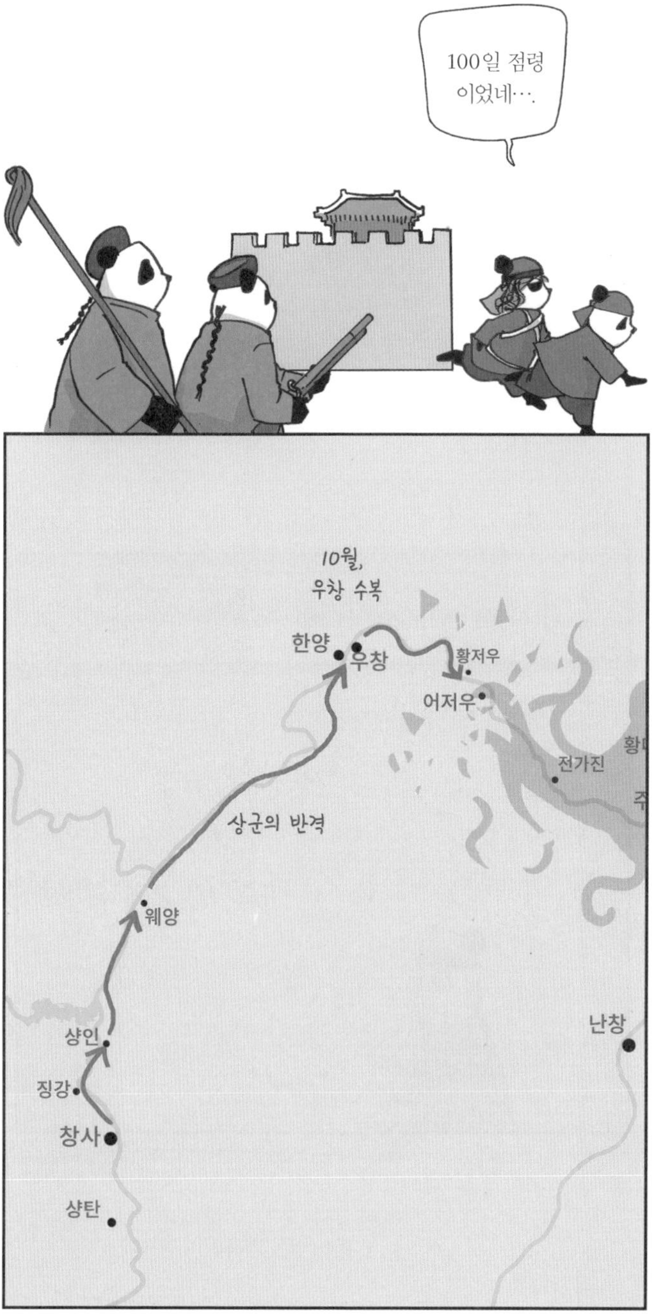

창사 전역 승리와 우창 탈환의 공을 높이 사,
조정은 증국번에게 호북순무의 벼슬을 내린다.

참 잘했어요

하지만 만주 귀족들의 경계로 곧
병부시랑(국방부 차관급)으로 변경.

저런 지방 군벌 꿈나무에게
지방 권력이라는 날개를
달아주면 안 되죠.
한족 향신들…
관리해야 돼….

아무튼 상군은 계속 진격합니다.
난징
허페이
안칭
한양
우창
황저우
어저우
황메이
주장
후커우
우창 방향
호북성 방향
난징 방향
웨양
취저우
상인
징강
창사
샹탄
난창
난창 방향
강서성 방향
푸저우
이제 저 주장·후커우 삼거리를 먹어야 해요.
딱 봐도 엄청 전략적 요충지 같죠?

한편 난징에서도 서정 전선 붕괴를 막기 위해
1854년 11월, 석달개와 나대강의 원군을
후커우로 급파.

서정도 북벌처럼 사실상 망한 거 같은데. 창사·우창 공략 다 실패하고. 후커우 지키는 데 급급하니….
뭐, 우리가 2차 서정군이라 생각하면 되겠죠.
난징
강남대영
허페이
안칭
황메이
전가진
주장
후커우
파양호
취저우
난창
푸저우

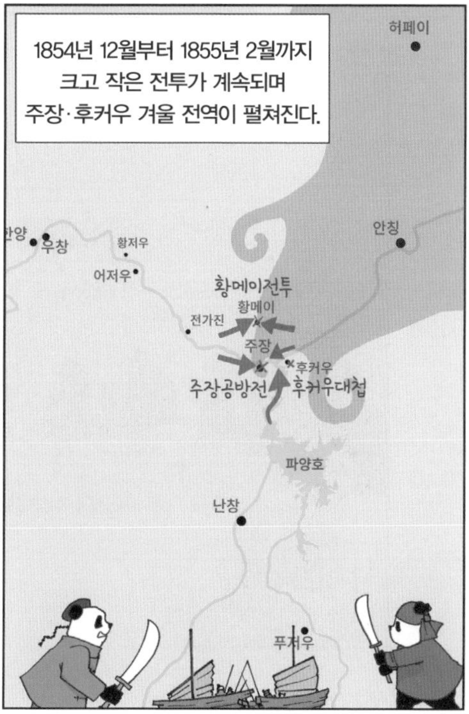
1854년 12월부터 1855년 2월까지
크고 작은 전투가 계속되며
주장·후커우 겨울 전역이 펼쳐진다.
허페이
안칭
한양
우창
황저우
어저우
황메이전투
황메이
전가진
주장
후커우
주장공방전
후커우대첩
파양호
난창
푸저우

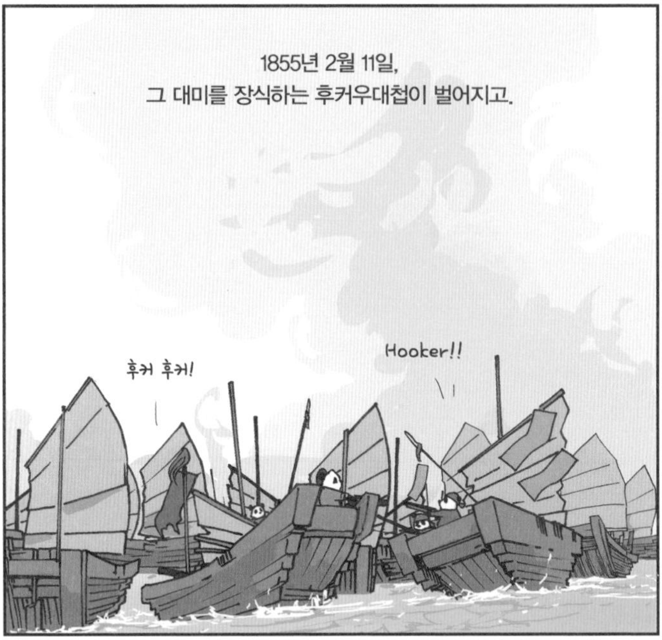
1855년 2월 11일,
그 대미를 장식하는 후커우대첩이 벌어지고.
후커 후커!
Hooker!!

상군 대패. 함대 전멸.

태평군은 증국번의 기함을 탈취.
증국번의 상군 병부, 관인, 황제 친서,
~~인감·통장·태블릿·하드디스크·공인인증서~~
등등이 몽땅 태평군 손에 들어감.
디지털 포렌식 준비해주세요.
나님도 포로로 잡히기 직전에 간신히 탈출했죠;

절망한 증국번은 파양호에
몸을 던져 자살 시도.
첨벙
거, 전투 컨좀
구리다고
죽을 것까지야.
강충원처럼 계속 이기다가
한 번 져서 죽는 것보다는
계속 져도 살아남아,
한 번 이겨서 대업을 이루는 것이
천하를 걷는 길 아니겠소?
…
난창으로 가서
함대를 재건하시길!
나님은 호남으로 가서
다시 병력을 모집하겠음!
후커우대첩 승리 후,
석달개는 난징으로 귀환.
이만큼 캐리해줬으면
알아서들 잘하겠죠?

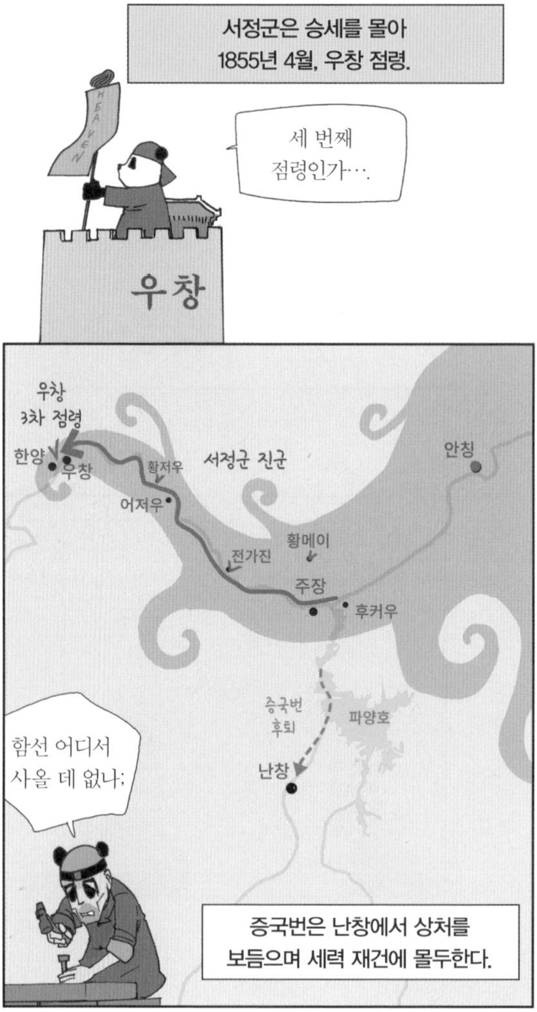
서정군은 승세를 몰아
1855년 4월, 우창 점령.
HEAVEN
세 번째
점령인가….
우창
우창
3차 점령
한양
우창
황저우
서정군 진군
안칭
어저우
황메이
전가진
주장
후커우
증국번
후퇴
파양호
난창
함선 어디서
사올 데 없나;
증국번은 난창에서 상처를
보듬으며 세력 재건에 몰두한다.

5월, 우창 탈환을 위해
우한 전구로 모여든 청 관군과의 우한 공방전이
다음 해까지 계속된다.
우창과, 옆에 붙어 있는
한양을 합쳐 '우한'이라고
부른다는 거 알고 있나?
ㅇㅇ. 나중 가면
두 도시가 합쳐서
'우한'이라는 하나의
도시가 되죠.

6월, 증국번이 다시 움직이기 시작.
석 달만에 병력 2만, 함선 수백 척 보충 완료! 다시 한 번 주장·후커우 트라이!!
나님은 상탄대첩으로 적 서정군을 한 번 전멸시킨 커리어가 있지!
탑제포
나택남
요즘 세상에 유능한 만주족은 참 희귀종인데.
어저우
황메이
전가진
주장
나대강
후커우
탑제포
나택남
난캉
두창
후커우를 지키던 나대강이 상대.
라오
난창
와산
나님이 태평천국 물싸움 전문가야, 짜식들아.
린장
푸저우

그리하여 1855년 7~9월. 주장·후커우 여름 전역이 펼쳐진다.

여름에는 역시 물에서
싸우는 게 시원하지!

이 여름 전역은 더욱 치열한 것이었는지라,

8월, 태평군의 나대강이 전사.

수적은
강에서 죽는다!!

곧이어 상군의 탑제포도 전사.

유능한
만주족 멸종!!
탕

결국 1855년 9월의
마지막 후커우 공방전에서도
상군이 패배.
어저우
황메이
전가진
주장
후커우
제2차 후커우대첩
난캉
두창
나대강
라오저우
난창
와산
린장
후-새드ㅠㅠ
커-흐흑ㅠㅠ
우-어어어ㅠㅠ
엉터리 삼행시나
읊을 때가 아니에요!
우창으로 지원ㄱㄱ
상

나택남은 주장·후커우 전구를 포기하고
10월, 우창 공략을 돕기 위해 우한 전구로 이동.

난징에 헬프 치자;
위지준
진옥성
왜 다 이리로 오는 겨?!
우창
나택남군 우창으로 이동
송양
한양
우창
어저우
황메이
전가진
주장
후커우
난캉
두창
웨양
태평군이 이 방면 장강 수로를 완전히 장악하지 못했기 때문에 장강을 통해 이동 가능. 점을 장악할 뿐, 면을 장악하기 힘든 대륙 전쟁의 특징.
난창
와산
핑장

우창 수비군의 도움 요청을 받고
11월, 석달개 다시 3만 병력을 이끌고 출격.

출장이 너무 잦다는 게 이쪽 업계의 단점이네요.

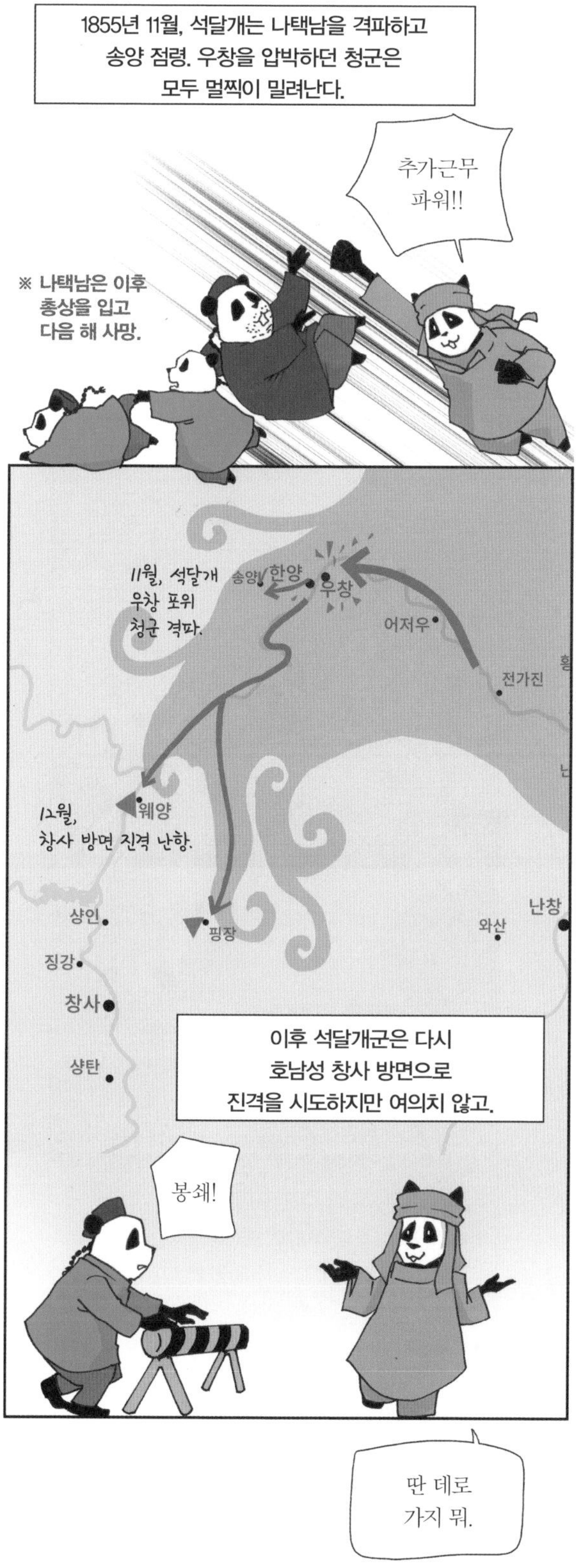
1855년 11월, 석달개는 나택남을 격파하고 송양 점령. 우창을 압박하던 청군은 모두 멀찍이 밀려난다.
추가근무 파워!!
※ 나택남은 이후 총상을 입고 다음 해 사망.
11월, 석달개 우창 포위 청군 격파.
송양
한양
우창
어저우
전가진
12월, 창사 방면 진격 난항.
웨양
샹인
핑장
와산
난창
징강
창사
샹탄
이후 석달개군은 다시 호남성 창사 방면으로 진격을 시도하지만 여의치 않고.
봉쇄!
딴 데로 가지 뭐.

휘하 병력을 기동군으로 편성.
강서성으로 들어가 각지를
'해방'시키며 돌아다닌다.
송양
한양
우창
어저우
황메이
전가진
주장
난캉
웨양
난창
와산
샹인
핑장
징강
창사
린장
샹탄
1855년 말부터 1856년 초 겨울 캠페인을
통해 강서성의 마을 하나하나씩 다 짚고
다니면서 태평천국의 행정 시스템, 제도를
입식시키고 백성들을 배상제회에 입교시키고,
지주·양반 놈들
땅·재산 뺏어
나눠줍니다!

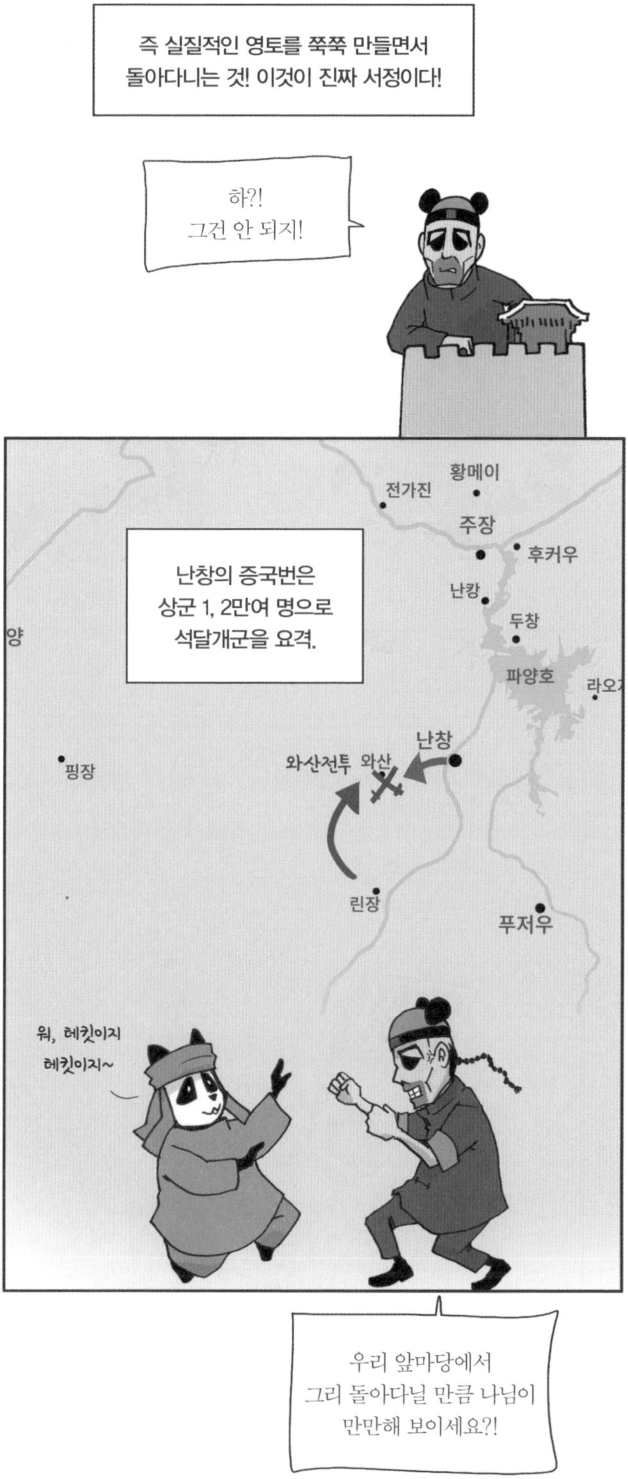
즉 실질적인 영토를 쭉쭉 만들면서
돌아다니는 것! 이것이 진짜 서정이다!
하?!
그건 안 되지!
황메이
전가진
주장
후커우
난캉
두창
양
파양호
라오
난창
와산전투
와산
핑장
린장
푸저우
난창의 증국번은
상군 1, 2만여 명으로
석달개군을 요격.
워, 헤킷이지
헤킷이지~
우리 앞마당에서
그리 돌아다닐 만큼 나님이
만만해 보이세요?!

1856년 2월, 와산에서 패한 석달개는
린장으로 물러나고 증국번은 이를 추격.
아, 님 좀 센듯.
저 도망감.
이것이 나님의
진짜 실력이죠!

3월 20일, 린장에서 석달개의 역습으로
증국번의 상군은 1만여 병력을
잃으며 궤멸당한다.
어저우
황메이
가진
주장
후커우
난캉
두창
파양호
라오저
난창
와산
핑장
린장
린장전투
푸저우
아, 따라오지
말라고요.
빠악
꾸웍;

뭐랄까…
전쟁은 님 적성에
안 맞는 거 같아요.
잘하는 거,
좋아하는 거
하고 사세요.
증국번은 구사일생
난창으로 후퇴.

난창성에서 수습한 잔존 병력은
3천여 명 남짓.
형님, 최후에는
화끈하게
자폭으로 갑시다.
으어;;;?

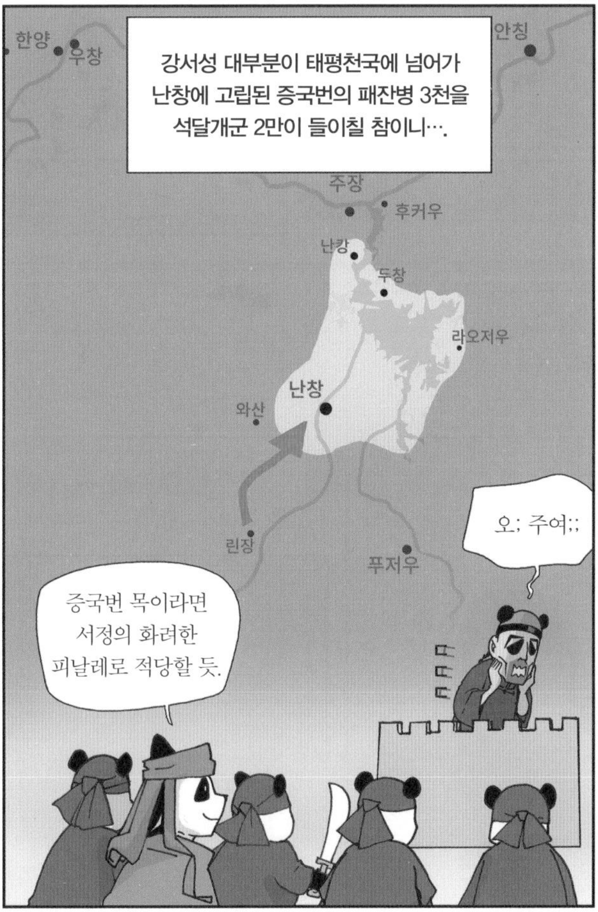
강서성 대부분이 태평천국에 넘어가
난창에 고립된 증국번의 패잔병 3천을
석달개군 2만이 들이칠 참이니….
한양
우창
안칭
주장
후커우
난캉
두창
라오저우
난창
와산
린장
푸저우
오; 주여;;
증국번 목이라면
서정의 화려한
피날레로 적당할 듯.

증국번은 자살 준비를 마치고
유서를 작성.
좌종당 !@#$새퀴
호남에서 병력 모아온다더니
결국 나 죽을 때까지
코빼기도 안 비치고···
지원 코딱지도 안 해준
조정 권귀 등신 빽대가리들···
황제 폐하 바보···.
형님!!!
석달개가
철수합니다!!!
엥?!?!
1856년 3월,
양수청, 석달개에게 난징 귀환 명령.
시골 선비 놈들과의
전쟁 놀이는 대충 접고,
나님의 이 쩌는 대전략에 동참하시게.
1856년 4월, 석달개군은 난징으로 귀환한다.
증 대인, 운빨은
참 좋으시군요.

상제 하나님
감사 찬양
할렐루야~

PS.

아빠, 난징에 영국 상인들 왔다던데,
얼 그레이 Tea 세트 꼭 사주세요!
석익양
블렌딩이 다르다고요!
…그 Tea 세트란 말이다;;
중국에서 수출한 차를
영국 놈들이 양철 통에
포장해서 파는 거란다…;;

당시
석달개(25세)의 원정에
10대 중반의 딸이
동행했다는
댓글이 있던데.
수양딸이거나 후세의
창작 캐릭터겠죠.
남자는 열 살 정도면
파종 가능하니까
엄청 일찍 생긴
자식일 수 있죠!
쇼타 돋네;

1856년 초,
태평천국의 대략적인 세력 범위.

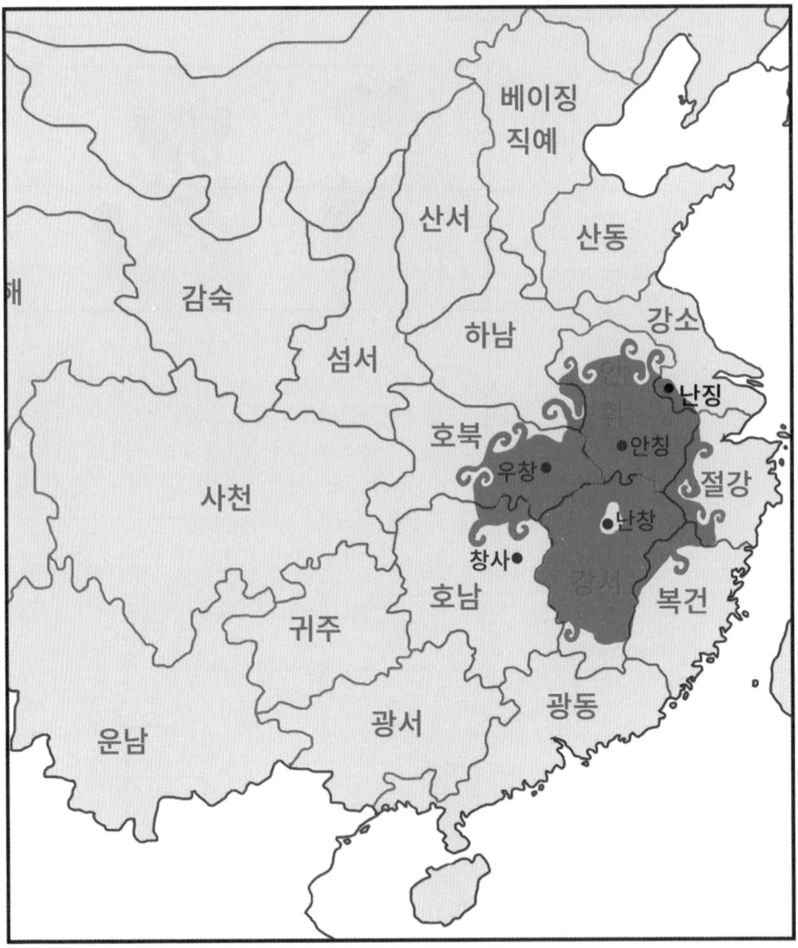

제 12 장

천경의 나날들

1856년 2월~6월.
강남·강북 양 대영에 대한
태평군 총공세 전개.

저 눈엣가시를
뽑아낼 때도 됐죠!

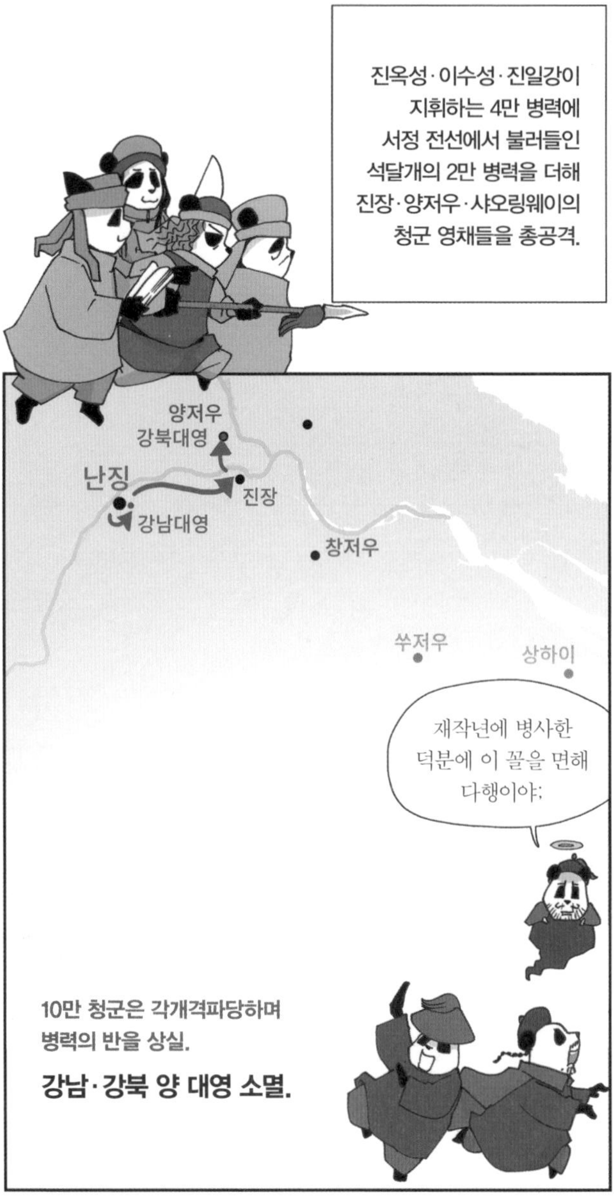
진옥성·이수성·진일강이
지휘하는 4만 병력에
서정 전선에서 불러들인
석달개의 2만 병력을 더해
진장·양저우·샤오링웨이의
청군 영채들을 총공격.
양저우
강북대영
난징
진장
강남대영
창저우
쑤저우
상하이
재작년에 병사한
덕분에 이 꼴을 면해
다행이야;
10만 청군은 각개격파당하며
병력의 반을 상실.
강남·강북 양 대영 소멸.

패퇴한 향영은 화병으로 피를 한 사발 토하고 사망.
5년을 쫓아다닌 결말이 이거냐!!!!!!! 장발적이 장발장이고 내가 자베르냐!!?!
반드시 강남대영을 재건해서 복수를 이루겠습니다!!
갯쿠르르코악ㄲ!!
나대강의 수적 동료로 함께 태평천국에 가담했다가 사이비 종교에 질려서 탈퇴, 청군 장교가 된 장국량.
광둥병을 이끄는 객가인 풍자재.

강남·강북 양 대영 토멸로 난징은 축제 분위기 가득.
La Fiesta!

형제 자매 여러분!

이번 전투의 대승! 다 나님, 동왕 양수청이 입안한 작전이란 거 아시죠?!

동왕 양수청의 권력이
강고함을 더해간다.

是!! Shi!! (예)

태평천국의 초기 6왕 가운데,

남왕 풍운산과 서왕 소조귀는 일찍이 전사했고,

익왕 석달개는 군사 원정을 맡아
주로 외지에 나가 있고,

천왕 홍수전은 수백 명의 빈첩을 들인
하렘에 처박혀서 나오지 않는다.

태평천국 이름값
뽕을 뽑아야죠.

빈첩들을 관리하고 벌하며,
이상적인 하렘을 만들고 다스리는 일에
모든 공력과 시간을 쏟아붓고 있다.

천하를 다스리기 전에
먼저 내 궁궐부터 제대로
다스려야 할지니.

결국 남은 두 왕,
동왕 양수청과 북왕 위창휘가
주로 국정을 주관하는데,

翼王
東王
北王
天王

유교의 가르침에 좋은 내용도 많고 백성들에게도 익숙하니, 너무 배척하지 말고 기초 교육에 활용하는 쪽으로 갑시다.
으의?
그건 안 될 말이지; 우리 배상제회가 공맹 사당 때려 부순 것부터 시작되었다는 걸 잊었남?
세상을 몇천 년간 이 꼬라지로 쳐박아놓은 유교의 박멸이야말로 천지개벽의 첫걸음이라고!
…

오,
오신다!!!
뿌꿍
으헗
사b#!!!!

천부하범
"나, 상제 하나님이
양수청의 몸에 임하여
그 입을 빌려 고하노라."

넙죽
은총 가득하신
주를 찬양하나이다!

※ 천부하범이 발동되면
천왕 홍수전도
하렘에서 튀어나와
상제 하나님 앞에
엎드려야 한다.

"유교의 가르침은 세상을 밝히는 데 이로운 것이니, 이를 배척하지 말고 백성을 교화함에 적극 활용토록 할지어다."
말씀 받들어 모시겠사옵니다!
"그럼 이만."
천부하범 종료
털썩
休; 상제 하나님 한 번 내려오실 때마다 살이 0.5킬로그램씩 빠지는 것 같아요; 이번엔 뭐라시던가요?
...

이렇게 천부하범을 행하는
양수청의 권위는
천왕 홍수전을 넘어서는 것.

상제 하나님은
아주 사소한 일로도 강림하시어
인간사를 세밀하게 살피신다.
"탕수육 소스를
부어 먹는 자들에게
화 있을진저!"

"치약을 중간부터
눌러 짜는 놈들은 배때지를
눌러서 처형하라."

새벽 두 시에도
무차별 강림.
"저녁 식사 후에는
카페인 음료를
삼가토록 하라."
…슬슬 개종하고
싶어지는데….

…하여 청나라 측에서도 양수청을
태평천국의 실질적인 수괴로
인식하고 있었습니다.
So, 실질적인 수괴님과
친목을 도모해볼까요~
복분자
GENERAL TSO CHICKEN
천왕자 홍선교
동왕 오라버니께서
태평천국을 원탑 캐리하느라
노고가 크십니다. ㅎㅎ
원, 별 말씀을.
GENERAL TSO CHICKEN
자매님이야말로
태평천국 절반의 실질적인
지배자 아니십니까?
예?

천왕자 홍선교가 태평천국 여군·여관조직의 보스라는 걸 모르는 사람도 있더이까?
아, 흐흐;;

태평천국 초창기부터
고참 여신도들의 주도로
여군 동원이 이뤄졌습니다.

걸 크러시 시간이 왔다!!!
객가 여자들이 원래 좀 세죠.

홍선교는 오늘날의 전쟁터에서는 여자도
남자 못지않게 싸울 수 있다고 주장했죠.

총이 있잖아! 총이! 남자든 여자든 똑같이 한 BANG!

그리하여 태평천국은 권역 내
징집 가능 여성들을 모두 끌어모은
대규모 여군을 운용하게 된 것.

그중 예쁜
인재는 추려서
나님 궁궐로.

이들 여군은 뛰어난 전투력으로 관군에게
대각만파大脚蠻婆(큰 발 할매)라 불리며
공포의 대상이 되었습니다.

※ 전족을 안 해서 발이 큼.

큰 발
할매다!
너보고
할매란다.
너보고 한
소리거든?!

그리고
태평천국은 금욕령하에 엄격하게
남녀를 분리해 인력을 관리했습니다.

남녀 절대 접촉 금지!
대화 금지! 동석 금지!
결혼 금지!
지도층은 첩 수십 수백을
끼고 살면서 뭔 개소리여!

그렇게 여자들만으로 구성된 인력 관리조직
여관女館이 전통적인 가족 제도를 대신하는
여성 사회조직으로 기능했습니다.
이렇게 여성조직이 방대해지다보니,
이를 관리할 여성 전문 관료의 필요성 대두.
사상 최초로 여성 과거시험이 열립니다.
그 과거시험에서
나님 부선상이 사상 최초로
여성 장원급제를
딴 것입니다!
부선상(22세)
傅善祥
제1회 여과거
장원
비록 사이비 종교의
사이비
학문일지언정….

이런 여군·여관 시스템하에서
여성들은 역사상 최초로
가족 내 역할이 아닌
사회적 역할을 맡게 됩니다.

엄마·마누라·
딸래미야!
천하 대업 치르러
다녀오겠음!
헉.
엄·마·딸도
천하 대업에 함께할
동지라 부르도록!

중국 역사상 최초로 조직화되고,
사회조직의 직함을 갖습니다.

거, 사회생활·
조직생활 안 해봤어요?!
잘 좀 합시다?
아, 예. 팀장님;;
지난 5천 년간 그런 걸
해볼 기회가 없었죠;

그리하여 현재 난징에는
여성 관료조직이 굴러가고 있고,

난징 성내, 궁궐, 각 왕부의
경비 병력은 여군으로 채워져 있습니다.
(아무래도 여군을 후방,
남군을 전방으로 배치하게 마련이라.)

즉 이 시점에 여군조직 보스인
천왕자 님께서 쿠데타를 일으킨다면
곧바로 난징을 장악하며
성공할 확률이 높….
ㄴㄴ
거기까지;;

아무튼 이러저러한 사정을
굽어살피시어, 여군조직 부서의
왕부 승격을 고려해주십사 하고…
(그리고 나님을 그 왕으로….)
아, 그 여군 말인데요.

여군을 폐지하는 쪽으로
가닥을 잡아볼까 합니다.

응?

남자와 여자에게 각자의 역할이 있음은
아담과 이브 이래, 상제 하나님께서
정해주신 천륜입니다.
이를 허물고 어찌 태평천국이
상제의 도를 따른다 하겠습니까.

또한 중화 수천 년을 이어져 내려온
이상적인 가족상이 천하를 받치고 있는 밑바탕일진데,

곰 세마리가 천하를 캐리~
아빠 곰~
엄마 곰~

이를 허물고 아녀자를
군대로 끌고 가 총칼을 들게 하니,
우리가 천륜에 큰 죄를 짓고 있습니다.

으어~
엄마 곰이~ㅠㅠ
입영
통지서

여군 병사들을 가정으로 돌려보냅시다.
천륜이 정한 딸·아내·어머니의 역할을
돌려줍시다.

그리고 우리 태평천국이 중화 5천 년의
가치 규범을 모조리 문혁해버리는 게 아닌가 하고
백성들이 두려워하고 있습니다.
그 두려움의 대표적인 대상이 바로 여군입니다.

으어,
정녕 세상 말세인가;
아마겟돈의 발키리라니!
발키리는
아마겟돈이 아니라
라그나로크지!

백성들의 그런 두려움을 걷어냅시다.
걱정 ㄴㄴ! 태평천국은 전통적인 가족관을 존중합니다!
총이 아닌 접시를 듭니다!
이를 위해 근간 금욕령도 해제했고, 여관도 해체하고, 결혼 제도도 정비했죠.
사이비 종교답게 교단이 랜덤으로 매칭 돌려서 배정해주는 결혼이라 문제지….
쳇
퉤
태평천국의 지도부가 수십 명의 빈첩을 거느리는 것도, 그런 전통적인 가족관에 충실함을 보여주기 위한 측면이죠.
아니, 그건 좀 억지 같은데요.
흥흥

그렇게 전통·보편의 가족상을 바탕으로
천륜을 따르고 백성들의 마음과 화합하는 것만이
태평천국 천년왕국의 굳건한 토대입니다!
그런 고로 여군은 해산토록 합시다.

(이 세퀴…
제껴야겠다.)
(준비해
놓겠습니다.)

MEANWHILE

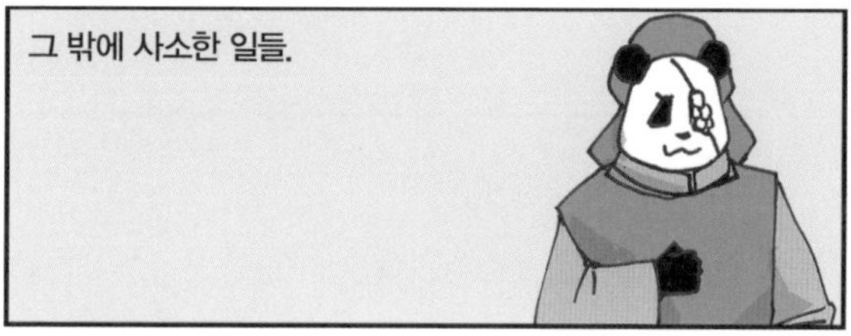
그 밖에 사소한 일들.

#. 사소한 일 1

어느 날, 양수청이 타고 가던 가마와
위창휘의 아버지가 탄 가마가
맞닥뜨려 시비가 붙었고

여기 타고 계신 분이
뉘신지 알고 까부냐?!
북왕 전하의
부친이시다!
하! 여긴
동왕 전하시다!
헐;;

So,

위창휘의 아버지가
동왕부의 옥에 갇힙니다.

왕 FAM은
다 형제라고 안 그랬냐?
형제 아버지를
옥에 가둬?

위창휘는 아버지를 구하기 위해
양수청을 찾아가 고개를 숙임.
원, 노인네가 관내
의전 서열에 무지한 것,
너그러이 용서해주시게.
어휴, 밑에 애들이
FM 대로만 하려다보니
이리된 것, 얼른
풀어드려야죠;;

다만
위형께서 준법의 모범을 보이시고자
곤장 몇 대 맞는 시늉을 해주시면
세상에 널리 귀감이 되지 않을까
싶습니다?
(이 자식이…!)

그리하여 위창휘에게
곤장 50대 집행.
(저 #@!@!!
반드시 담근다!!)
찰싹

#. 사소한 일 2

천왕 홍수전이 하렘의 빈첩들을
학대하고 고문한다는
소문이 꾸준한지라,
어차피 인간은
다 변태라고
하지 않던가?
변태를 넘어서
사이코패스잖아요.

이를 벌하기 위한 정의의 천부하범!

"상제가 명하노니,
저 싸패 ㅅ#B에게
곤장 40대를 내리노라!"
예?!!

태평천국의 국가원수 천왕 홍수전은
상제 하나님의 명으로
곤장 40대를 맞는다.

찰싹
(저 사기꾼 #@!@!!!
반드시 찢어발긴다!!!)

제 13 장

천경사변

1856년 8월,
천부하범을 통해
상제 하나님께서 명하시기를,

"이번 대승에 있어서
~~너,~~ 아니 양수청의 공이
참으로 클진데,
어찌 아직 9천세로
호한단 말인가."

"앞으로는 양수청도
만세를 받도록 할지어다."
!!

이놈이 이제 나랑 의전서열 동격을?
아니, 사실상 더 윗선을
먹겠다는 거지?!?
하 ㅅ#B...

…
어휴, 지당하신 말씀이십니다.
양수청에게도 만세 호를 올리고
자손 대대로 계승토록 합죠.
"ㅇㅋ 굿.
상제는 이만
하늘로 돌아간다~
ㅂㅂ"

어머나~! 상제 하나님께서
저한테 만세 받으라세요?
어휴, 그러면 천왕 형님은
만만세 받으셔야죠~ㅎㅎ
늬예 늬예,
이번 달 너님 생일에
공식적으로
만세 렙업해드림.

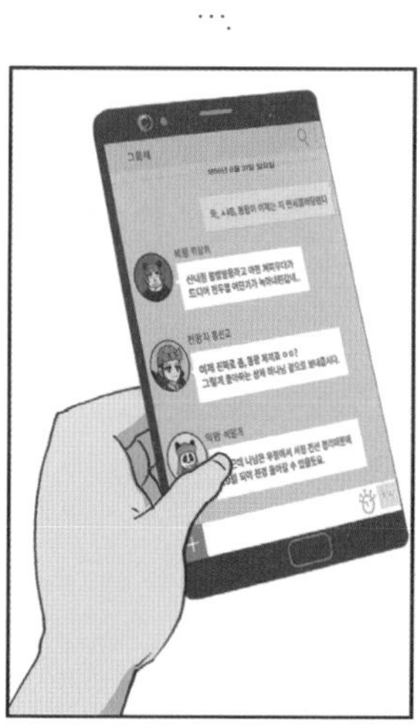
….

똥왕 안티 모임
1856년 8월 31일 일요일
와, ㅅ#B, 똥왕이 이제는 지 만세 불러달랜다.
북왕 위창휘
뽕빨로 신내림 받을라고 아편 쳐 피우다가
드디어 전두엽 어딘가가 녹아내린 갑네….
천왕자 홍선교
이제 진짜로 좀, 똥왕 제끼죠, ㅇㅇ?
그렇게 좋아하는 상제 하나님 곁으로 보내줍시다.
익왕 석달개
아, 근데 나님은 우창에서 서정전선 정리 때문에
9월 중순에나 천경 돌아갈 수 있을 듯요.
ㅈㅅ

1856년 9월 1일 밤,
천왕 홍수전은
동왕 양수청 몰래
나머지 왕들을 소집.

북왕 위창휘에게
참요검 운중설을
내리나니,
1854년에
추가된 왕들
곧 왕으로
추가될 승상들
천왕자
홍선교
연왕
진일강
예왕
호이황
진옥성
이수성
북왕
위창휘

역적 양수청을
토멸하라!

명 받은 즉시!
오늘밤 내로 해치운다!
파이팅!
동왕부로
어택땅!!

반 동왕군이 동왕부를 급습, 치열한 전투가 벌어지고.

쿠데타다!!
아니, 우리가
정부군이거든?!

역모다!!
와아아!
저기가
양수청
침전이다!
양수청!! 하늘나라 가서
상제 하나님 이제
안 내려오셔도 된다고
전해드려라!!!
탕

후르륵
으의?!?
ㅎㅎ 상제 하나님의 아바타인
나님 몸에 그리 쉽게
딜을 박을 수 있다
여기셨나요?
으얽!
부핫
ㄴㄴ! 너님은 상제 하나님의
아바타가 아니라
타천사 아자젤의 아바타죠!
What?

호, 역시 여장원!
대단한 정보력이군요!
동왕부에서 일하면서
뒷조사를 좀 했죠!
염소 고기만
엄청 먹어대더라니!!

그렇습니다. 나님은 타천사 아자젤.
신에게 마지막 계약을 들이밀기 위해
신의 이름을 빌렸습니다.
악당 보스의
설명 타임 따위
필요 없어!
아니, 일단 좀
들어봅시다.

옛날 옛적, 노아의 대홍수로
인류의 99.999퍼센트를
제물로 바쳐

인간을 신의 심심풀이 이상의 존재,
신의 역사에 관여하는 존재로
편입시키기로 한 계약이 바로
옛 계약, 구약이죠.

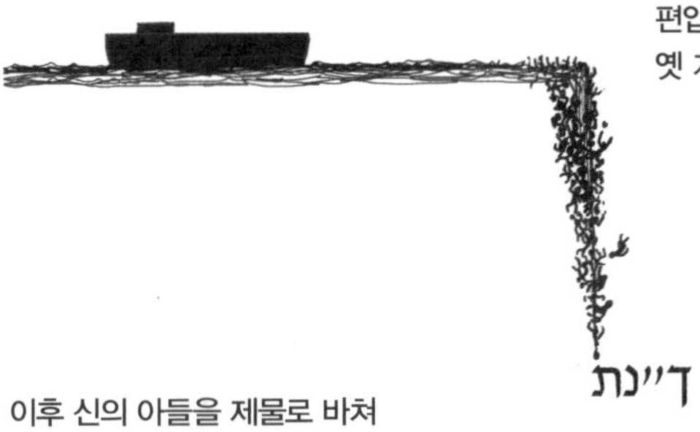

이후 신의 아들을 제물로 바쳐
인간의 영혼에 신에게로 이르는 길을
열어주기로 한 계약이 바로
새 계약, 신약이죠.

Η Καινή Διαθήκη

그 계약들의 진행 과정에서
철저히 이용당하고 버려진
모든 타천사들의 양가적 감정,

신의 인간 어젠다에 대한 경멸과
신에게 귀환하고픈 갈망을 담아.

마지막 계약,
종약을 추진하게 된 것입니다.

終
約

종약의 대가는
신의 이름 아래
제물로 바칠 인간의 목숨들.

이를 위해 십자군전쟁을
일으키기도 했고,

마녀 사냥을
열어보기도 했으며,

30년전쟁을
계획하기도 했습니다.

역시 발렌슈타인은
악마와 계약을
맺은 거였군!!

하지만 제물의 양과
번제의 시간을 계산했을 때,
종약을 성립시키기에는
그 밀도가 너무 부족했습니다.

하여 이번에는 수억의 인구가 있는
중국에서 그 밀도를 달성해보기로 시도한 거죠.

기간은 10년 정도,
제물로 바칠 목숨은 3천만 명 정도 잡으면
종약 제물 밀도 달성에 성공하리라 여겨집니다.

그러니까 여러분이 열심히 노력해서 이 전쟁
10년 동안 3천만 명을 죽게 만들어야 하는데,
너님들이 무능해서 나님이
나서야 할 일이 너무 많잖아요.
으아;;
으아아아아아;;

개소리 집어치워라! 이 마귀 새퀴야!!
그만 수작 내비둘 성 싶으냐?!
쳐라!

아, 글쎄 닝겐의 무기는 통하지 않는다니까요.
빠캉
으엙!

아무래도 안대 개방 애꾸애꾸 빔으로 싹 다 쓸어버리고 일을 계속해야겠군요.

북왕 전하!! 등에 맨 그 검! 운중설!!
그걸 빼서 휘둘러요!!!
Uhm?

6장을 보면
그 검 운중설은 낫닝겐 무기!
파괴 빔이
발사된다고요!!
어?

뿌잉

뿌슝
…역시나….
역사 만화는 정해진 역사-히스토리를 벗어날 수 없군요….
하지만 너님들 역시 정해져 있는 역사대로 비참한 결말의 저주를 받을 것임을….

푸쉬싀의

해냈구먼! 북왕!
오컬트 사이코
마귀 사탄을
해치웠어!!

…종약의
추종자들을 모두
없애야 함….
음?

양수청 처단 후 며칠 내로 위창휘는
양수청의 일가친척·계파·추종자
2만여 명을 학살.

위창휘는 권력을 잡고
학살 정국을 이끌어나간다.
죽여!
죽여!
죽여!!!
으어;;
위창휘가 미쳤다;;
마왕을 잡은 용사의
타락이라는 클리셰인가!
그리고 그 검
내 건데;;

9월 중순, 석달개가 난징으로 귀환, 위창휘 면담.

아, 위 형,
이제 그만 좀 죽이세요.
천경이 유령도시 되겠어요;;
양수청 잔당 토멸을
방해하려 드는 네놈도
마귀 아자젤의
추종자로구나!!
예?

위창휘가 석달개까지 죽이려 들자
석달개는 난징 성벽을 넘어 탈출.
북왕이
미쳤다!!
으악!
위창휘는 난징에 있던
석달개의 일가 수백 명을 학살.

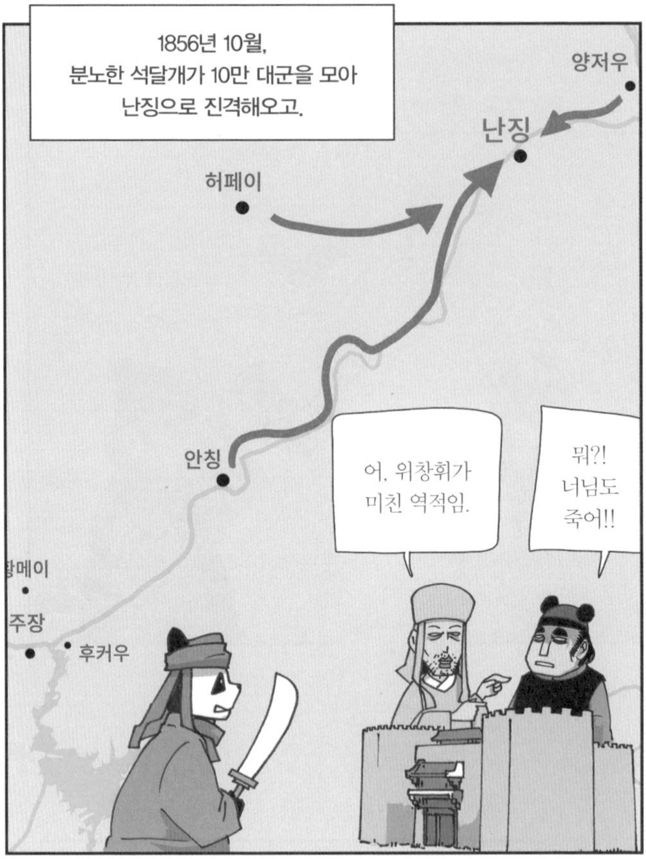
1856년 10월,
분노한 석달개가 10만 대군을 모아
난징으로 진격해오고.
양저우
난징
허페이
안칭
주장
후커우
어, 위창휘가 미친 역적임.
뭐?! 너님도 죽어!!

눈치 보던 홍수전은 위창휘 토벌령을 내린다.

이에 난징 성내에서 위창휘의 북왕군과 홍수전의
천왕군 간에 시가전이 벌어지고,
태평천국이 개판천국이여.

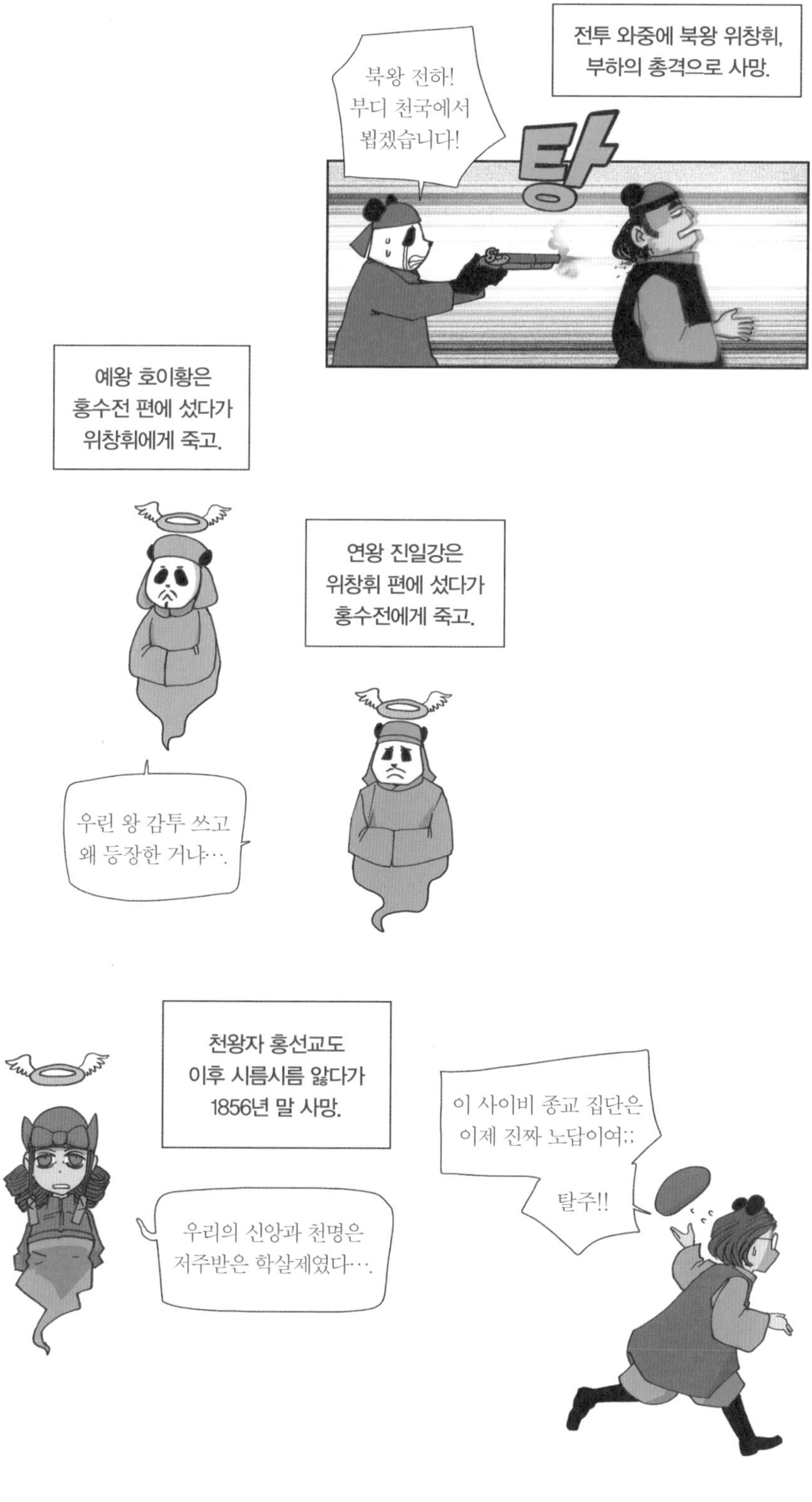
전투 와중에 북왕 위창휘,
부하의 총격으로 사망.
북왕 전하! 부디 천국에서 뵙겠습니다!
탕
예왕 호이황은 홍수전 편에 섰다가 위창휘에게 죽고.
연왕 진일강은 위창휘 편에 섰다가 홍수전에게 죽고.
우린 왕 감투 쓰고 왜 등장한 거냐….
천왕자 홍선교도 이후 시름시름 앓다가 1856년 말 사망.
우리의 신앙과 천명은 저주받은 학살제였다….
이 사이비 종교 집단은 이제 진짜 노답이여;;
탈주!!

그렇게 리타이어의 쓰나미가 휩쓸고 간 후,
1856년 11월, 석달개 난징 입성.

으어, 이제 천왕 FAM 멤버는 자네랑 나, 둘밖에 안 남았구먼;; 자네가 기준 잡고 난국을 수습해주게;;

So,

석달개가 정권을 잡고
변란 이후의 태평천국을 수습한다.

더는 피로 피를 씻는 보복은 Never more!

그러나 곧 홍수전의
의심병·질시병 발동.

이놈도 양수청처럼 최고 존엄 노리고 저리 열심히 일하는 듯?

왕들이 다 죽어서 TO가 비었네.
우리 친형들, 왕 시켜주면 잘할 듯.
홍수전,
겐세이 시전.
어, 음…?
아, 예….

무능한
자기 친형 둘을
왕 자리에 앉힌다.

이 두 형왕의 주 임무는
석달개 이지매였으니.

어휴, 호치키스를
대각선으로 박으면 워쩐다~
다 뽑아서 가로선에 맞춰
다시 박아야 쓰겄네~
아휴, 쓰지도 않을 병권은
왜 쥐고 있댜?
병권은 일단 회수!
병권

석달개는 반년도 못 견디고 GG.

크앍!!!!
발암촌 파워 탈주!!
ㅎ

1857년 5월, 석달개는 휘하 인원 10만을 이끌고 난징을 떠나 서쪽으로 향한다. 사실상 태평천국에서 이탈.

아오, 진짜 앞으로 난징 쪽으로는 오줌도 안 눈다.

결국 태평천국 지도부가 몰살당하고 리타이어한 천경사변 최후의 승리자는 홍수전!

천왕 유일 권력 체계를 확립하고, 지도부를 홍씨 일족으로 채워 넣어 홍씨 왕조 건립의 기반을 닦았도다!!
洪
洪
洪
洪

…라는 건 홍수전의 개인적인 망상일 뿐이고.
실제로는,

1856년까지, 전기 태평천국은
청나라가 멸망을 걱정할 정도의
성세를 자랑했으나,

태평천국!
만청지옥!
으엃;

천경사변을 거치면서 행정부 역할을 하던 동왕부 궤멸,
지도부 와해, 수많은 관료·전문가 학살, 수십만 규모의 인원 이탈.

으어어어어어어!
음?
쫘자자잦

1856년 천경사변 이후인 후기 태평천국은
이전의 무시무시한 기세를 많이 잃고,
어느 정도 대처 가능한 우환으로 여겨집니다.

밸런스 맞추려고
셀프 너프 해준다.
휴;;

근데 태평천국의 내분,
지도부 붕괴라는
절호의 기회에 청나라는
뭐하고 있었나요?
음, 그게 말이죠.

야, 어따
한눈파냐?

양놈들이 또 be Continued.

굽씨의 오만잡상

태평천국 이야기는 참으로 뭐랄까~

고우영 선생님 스타일 역사 만화에 너무나 잘 어울리는 소재가 아닐 수 없습니다.

천하 난세, 사이비 종교, 대륙을 가르는 대전쟁, 개성 강한 영웅들의 군상극, 치정극, 권력 다툼, 비참한 민초의 삶, 해일 같은 기세와 극적인 몰락 등등.

고우영표 태평천국 만화를 보고 싶은 소망은 이룰 수 없는 꿈이지만, 태평천국 드라마는 중국에서 만들어진 바 있습니다. 이연걸·유덕화·금성무 주연의 영화 <명장>은 태평천국에 맞서 싸운 민병대 장수들의 이야기죠. 《라이어 게임》으로 유명한 만화가 가이타니 시노부 선생도 《태평천국 연의》라는 만화를 그리셨는데, 아쉽게도 3권에서 연재 중단되고 말았습니다.

뭐, 그렇게 엄청난 사건이었던 것 치고는 의외로 관련 스토리텔링이 많지 않은 편이긴 합니다. 우리나라 대중 일반 영역에서 태평천국의 흥망성쇠에 대한 인지도가 그리 높지 않은 것도 그래서지 싶습니다. 하지만 그런 무관심에도 불구하고, 우리 학계에 계신 분들께서 태평천국 관련 연구 자료를 많이 내주셨으니 감사한 일입니다.

중국에서는 손문(쑨원) 이래로 태평천국에 대해 반봉건 반외세 혁명 프레임으로 빨아주는 편이죠. 관련 유적지에 천왕 패밀리 동상들도 세워져 있고···. 하지만 오늘날에는 태평천국에 대해 사이비 종교 반란, 엄청난 희생을 야기한 뻘짓으로 폄하하는 시각들도 있으니, 앞으로의 평가가 어떻게 갈릴지는 알 수 없겠습니다.

아무튼 현재 태평천국의 괴상한 신앙을 계승한 종교집단은 없는 것 같습니다만. 혹, 이 책이 잘 팔려서 태평천국 붐이 조성된다면 배상제회를 재건해 다시금 천하를 도모해볼 수 있지 않을까— 천부하범을 기다려봅니다.

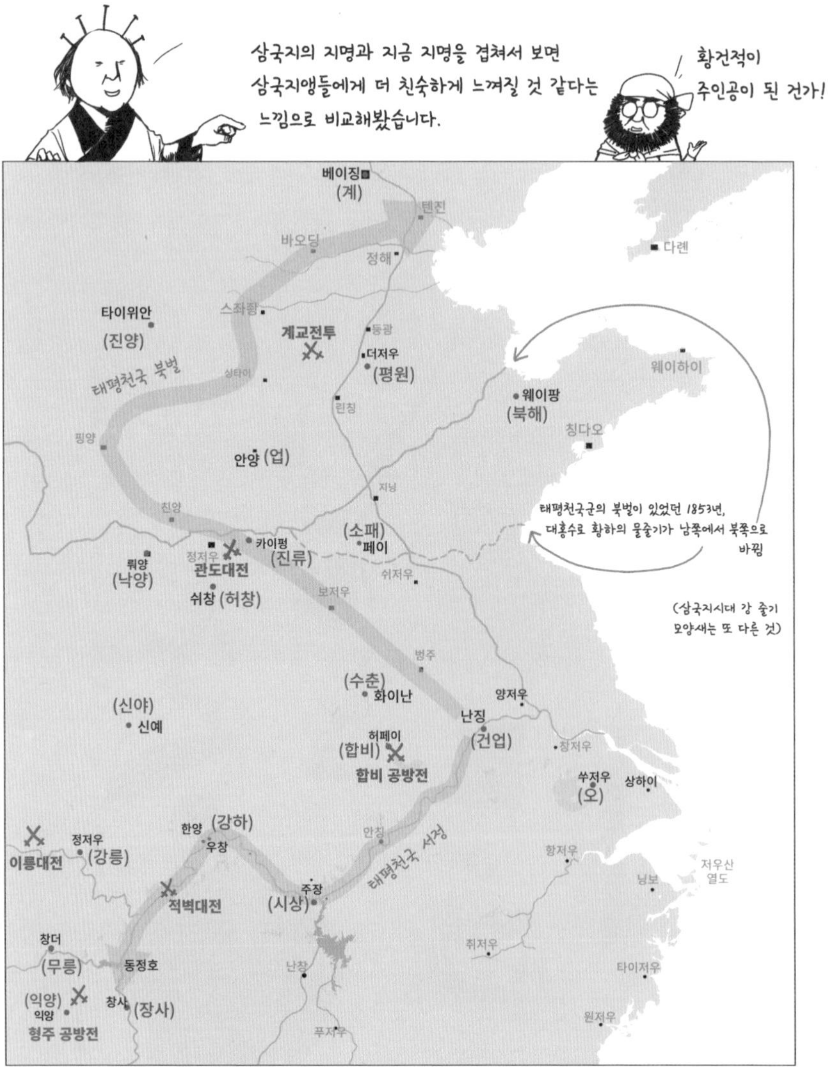

주요 사건 및 인물

주요 사건

기해박해

조선 헌종 5년(1839)에 가톨릭교도를 탄압·학살한 사건이다. 이 사건으로 인해 프랑스 신부인 피에르 모방과 자크 샤스탕, 로랑마리조제프 앵베르를 비롯해 100여 명의 교도가 죽임을 당했다. 당시 조선은 백성들에게 서양 교리를 배척하기 위한 윤음인 척사윤음斥邪綸音을 내리고, 한 집에서 가톨릭교도가 나오면 해당 집안은 물론 주변 네 집까지 함께 색출하는 호적 제도인 오가작통법五家作統法을 강화했다.

도광제 후사 선정 및 함풍제 즉위

1849년 말, 청나라 제8대 황제 도광제의 병세가 악화되자 후계자 자리를 놓고 4황자 혁저와 6황자 혁흔이 기량을 겨뤘다. 국정 현안에 대한 감각이나 기본 소양 등 다방면에서 혁흔이 뛰어났으나 권모술수에 능한 스승의 도움을 받은 혁저가 도광제의 마음을 사로잡아 1850년에 제9대 황제 함풍제로 즉위한다. 함풍제가 즉위한 이듬해인 1851년에 태평천국전쟁이 일어난다.

반샤의 옥

1839년 5월, 막부 감찰관인 도리이 요조의 주도로 일어난 언론탄압 사건을 일컫는다. 당시 나라의 안정을 위해 쇄국정책을 꾀하고 있던 막부는 쇄국정책을 비판하던 난학 동호회인 반샤의 멤버들을 투옥 및 유배시킨다. 이로 인해 난학 의사인 다카노 조에이, 《신기론》을 쓴 와타나베 가잔 등이 자결한다.

배상제회 조직

태평천국의 천왕 홍수전은 북쪽에서 이주해온 객가, 거처 없이 떠돌던 유랑민 등 서민을 중심으로 배상제회를 조직해 자신의 교리를 퍼뜨린다. 배상제회는 유교·불교·도교 등 다신교를 비판하고 하나님의 나라 아래 평등을 추구하는 것을 주요 사상으로 삼았고, 이는 봉건지주 체제로 신음하던 농민들의 주목을 끌기에 충분했다. 1848년 초, 배상제회의 세력이 급격히 확장되는 데 두려움을 느낀 청 왕조는 이내 배상제회를 탄압하기 시작한다.

이국선 타격령 발표 및 철회

1825년 일본이 발표한 외국선 추방령이다. 쇄국령으로 나라의 문을 걸어 잠근 일본이 자국 해안에 접근하는 모든 외국 선박을 발견 즉시 포격해 쫓아내고, 일본에 상륙한 외국인을 체포 및 구금했다. 그러나 1842년 아편전쟁에서 청나라가 참패하는 광경을 목도한 일본은 이내 이국선 타격령을 철회하고 서양인 표류 선원을 송환시키는 것으로 정책을 변경한다.

천경사변

1856년 태평천국의 수도 천경에서 발생한 태평천국 지도부의 내부 분열을 일컫는다. 동왕 양수청의 천부하범으로 자신의 입지가 좁아진다고 느낀 홍수전이 양수청 몰래 왕들을 소집, 동왕부를 급습한다. 이 내분으로 인해 양수청을 비롯해 북왕 위창휘, 연왕 태일강 등 2만여 명이 살해당했다.

태평천국전쟁

홍수전과 농민 반란군이 중국 광서성에 세운 태평천국은 1851년부터 1862년까지 청나라 조정을 대상으로 내전을 일으킨다. 청나라 조정에 반기를 들어 항거하고, 기독교의 평등사상과 토지의 균등 분배 따위를 바탕으로 한 이상 국가를 기치로 세워 민중의 지지를 받았다. 그러나 지도부의 내부 분열과, 증국번·이홍장 등이 이끄는 한인 의용군 등의 힘을 빌린 청나라에 의해 봉기한 지 14년만에 패망한다.

후먼조약

1843년 영국과 청나라 사이에 맺은 불평등조약이다. 제1차 아편전쟁 종결 때 청나라가 영국과 맺은 난징조약의 후속조약이다. 이 조약을 바탕으로 청나라는 다섯 개 항구(광저우·푸저우·샤먼·닝보·상하이)를 개항한다. 무역에서는 고정관세가 적용되었으며, 영국을 최혜국으로 대우한다. 후먼조약은 이후 청나라가 미국과 맺은 왕샤조약, 프랑스와 맺은 황푸조약 등 서양과의 불평등조약에 영향을 끼친다.

주요 인물

강충원江忠源

호남성 지역 유지로, 향토 의용군인 단련을 조직했다. 이 조직으로 태평천국의 서왕 소조귀와 남왕 풍운산을 제거한 바 있다. 태평천국의 서정군으로부터 난창성을 성공적으로 방어해 조정으로부터 순무의 벼슬을 얻고 안휘성을 지키라는 명을 받는다. 그로부터 두 달 후에 태평천국의 공격으로 허페이를 함락당하고 자결한다.

기선琦善

청나라 말기의 정치가로, 몽골 귀족 출신이다. 아편전쟁 당시 임칙서를 대신에 흠차대신이 되어 영국의 무역 감독관인 찰스 엘리엇과 교섭했다. 이후 태평천국군을 토벌하기 위해 양저우에 강북대영을 건설했다. 그의 사후, 강북대영은 1856년 태평천국군의 총공세에 병력의 절반을 잃으며 무너진다.

김대건金大建

조선 최초의 가톨릭교회 신부로, 세례명은 안드레아다. 헌종 2년(1836)에 프랑스 신부 모방에게 영세를 받았으며, 마카오에서 8년 동안 신학과 서양 학문을 공부한 뒤에 입국했다. 프랑스어를 구사하는 김대건으로부터 조선은 유럽 각국의 개략적인 정보를 수집하고, 세계지도 번역도 도움받는다. 이후 김대건은 배교하라며 회유하는 조정의 제안을 거부하고 순교를 택한다.

나대강羅大綱

강구의 천지회 수적 두목이다. 태평천국군에 2천 명의 무리를 이끌고 합류함으로써 태평천국의 위세를 더욱 키웠다. 특히 나대강이 이끈 수군 운영진은 태평천국에 물자를 신속하게 보급하고, 세력 이동 등에 큰 역할을 했다.

도광제道光帝

청나라의 제8대 황제로, 집권 당시 아편의 폐악을 절감하고 임칙서에게 아편을 엄금하라는 특명을 내린다. 긴축정책을 시행하고 적극적으로 국부國富를 꾀했으나, 아편전쟁의 패배로 국운을 기울게 만들었다. 더불어 아편전쟁 이후 혼란기에 후사를 혁저에게 맡기고 떠남으로써 청나라의 쇠퇴를 가속시킨다.

석달개石達開

광서성 객가 출신으로 청나라 태평천국 운동의 지도자 가운데 한 명이다. 군사적 재능이 뛰어나 열아홉 살 때 이미 태평천국군 수천 명을 이끌었다. 홍수전에 의해 익왕翼王으로 봉해졌다가 태평천국 내부 분쟁인 천경사변 때 휘하 인원 10만 명을 이끌고 서쪽으로 이탈했다.

소조귀蕭朝貴

태평천국 지도자 가운데 한 명이자 천황자 홍선교의 남편이다. 숯을 팔아 연명하는 숯구이패 출신 문맹이었다. 홍수전에 의해 서왕으로 봉해져 군사·정보·행정 등 국정 전반을 이끌었다. 자신이 예수의 대행자라는 '천형하범'을 주장했다. 1852년 9월, 태평천국군이 창사로 진군하던 와중에 전사한다.

양수청楊秀淸

태평천국 지도자 가운데 한 명으로, 숯구이패 출신 문맹이었다. 홍수전에 의해 동왕으로 봉해져 군사 부분을 맡았다. 자신이 상제 하나님의 대행자라며 '천부하범'을 주장했다. 이후 천부하범으로 권력이 점차 강고해져, 청나라 조정마저 그를 실질적인 수괴로 인식할 정도가 되었다. 이를 의식한 홍수전이 양수청을 토벌하기 위해 나머지 왕들을 소집하면서 천경사변이 일어난다. 양수청은 천경사변 때 사망하고, 태평천국은 쇠퇴기에 접어든다.

위창휘韋昌輝

태평천국 지도자 가운데 한 명이다. 대부호 출신으로, 홍수전에 의해 북왕으로 봉해져 태평천국의 재정을 담당했다. 천경사변 때 홍수전의 밀명을 받아 양수청과 그의 일족, 부하 수천 명을 살해했다. 이후 위창휘는 석달개 또한 살해하려 들고, 분노한 석달개가 10만 대군을 몰고 난징으로 진격하는 등 내분을 심화시킨다. 위창휘는 천경사변에서 부하의 총격으로 사망한다.

증국번曾國藩

청나라 호남성 출신 정치가이자 학자다. 조정으로부터 태평천국전쟁을 진압하라는 명을 받고 의병대장으로서 방판단련직을 맡아 상군을 조직한다. 태평천국을 멸망시킨 이후 의병대장 좌종당, 자신의 제자 이홍장 등과 함께 서양기술을 도입해 체제를 강화시키려는 양무운동을 추진한다.

철종哲宗

조선 제25대 왕이다. 후사가 없던 헌종이 죽자 갑작스럽게 궁중에 들어가 즉위했다. 철종이 즉위한 이후 순원왕후의 제2차 수렴청정이 시작된다. 철종이 재위한 기간 동안 안동 김씨의 세도정치로 삼정의 문란이 더욱 심해져 삼남 지방에 민란이 빈발하는 등 백성의 생활이 도탄에 빠졌다.

풍운산馮雲山

태평천국군 지도자 가운데 한 명으로, 홍수전에 의해 남왕으로 봉해졌다. 홍수전과 함께 과거에 응시했던 서생으로, 태평천국 초기에 배상제회의 사상을 널리 포교하는 데 큰 역할을 했다. 강충원이 이끄는 단련 강기군과의 전투에서 사망한다.

함풍제咸豊帝

청나라의 제9대 황제이자 도광제의 넷째 아들이다. 비밀 책봉 방식인 태자밀건법으로 제위를 계승한 황제는 함풍제가 마지막이다. 함풍제 연간에 나라 안으로는 태평천국전쟁이 터지고, 나라 밖으로는 애로호 사건이 벌어지는 등, 청나라는 내우외환의 혼란기를 맞이한다.

향영向榮

청나라의 흠차대신으로, 광서성부터 태평천국을 추격했다. 1853년 태평천국군이 난징을 점령하고 수도를 천경으로 삼자, 난징성 바로 앞에 군사기지 강남대영을 출범시켜 1만여 관군을 이끌고 입성한다. 뒤이어 흠차대신 기선이 내려와 양저우에 강남대영에 버금하는 강북대영을 건설한다.

헌종憲宗

조선 제24대 왕으로, 1834년 여덟 살이던 해에 즉위했다. 즉위 당시에 나이가 너무 어려 그의 할머니, 순조비인 순원왕후가 수렴청정했고, 헌종은 1841년에 비로소 친정을 시작한다. 이후 순원왕후의 친정인 안동 김씨의 세도를 꺾기 위해 1848년 조병헌·김정희 등 반反 안동 김씨 인사를 사면하고 안동 김씨의 좌장인 김흥근을 유배 보냈다. 그러나 이듬해 헌종이 사망하고 철종이 즉위하면서 안동 김씨는 다시 정권을 장악, 그 세도의 절정을 맞이한다.

홍선교洪宣嬌

태평천국의 지도자 가운데 한 명으로 서왕 소조귀의 아내이며 포병 사령관을 맡았다. 상제 하나님의 딸이자 홍수전의 여동생으로 인정받아 천왕자天王姊라는 호칭을 부여받았다. 태평천국의 여군부대를 지휘하여 여러 전투에서 전공을 세우고, 서양식 소총부대를 조직하는 등 뛰어난 군사적 재능을 보여줬다. 하지만 홍선교의 활약이 그리 확실한 사실은 아니며, 단지 태평천국의 프로파간다일 뿐이라는 설도 있다. 홍선교의 최후에 대해서도 여러 설이 있지만 대체로 천경사변 직후 사망한 것으로 본다.